Einfach können **DISKRIMINIERUNGSFREIE SPRACHE**

Duden

Einfach können

DISKRIMINIERUNGSFREIE SPRACHE

Von Oda Stockmann

1. Auflage

Dudenverlag
Berlin

INHALT

Vorwort

Vielleicht rutscht Ihnen manchmal schneller etwas aus dem Mund oder der Tastatur, als es Ihnen lieb ist und dann steht die Frage im Raum: »Darf ich das überhaupt noch sagen?« Es besteht die Gefahr, kritisiert zu werden oder gar in einen Shitstorm zu geraten.

Die Frage, was man heute noch sagen oder schreiben darf, enthält den Gedanken einer Zensur und das ist definitiv nicht, was Sie in diesem Buch finden werden. Sie werden vielmehr erkennen, dass es sich lohnt, genau das zu formulieren, was Sie sagen möchten. Das allein hilft schon, präziser zu sein, und vermeidet viele übliche Diskriminierungsfallen.

Zum Ziel einer diskriminierungsfreien Kommunikation führt Sie eine viel bessere Leitfrage: Was will ich denn wirklich sagen?

Wenn Sie also den Wunsch haben oder die Notwendigkeit erkennen, sich in diesem Bereich zu verbessern, haben Sie das richtige Buch ausgewählt. Es richtet sich vornehmlich an Sie, wenn Sie Texte für die Öffentlichkeit schreiben – beispielsweise im Verlagswesen, Marketing, in der Öffentlichkeitsarbeit, für Social Media oder Websites.

Sie erhalten eine Übersicht über ausgrenzende Strukturen und Reflexionsfragen, die Ihnen helfen, den eigenen Sprachgebrauch neu zu bewerten. Außerdem finden Sie jede Menge Beispiele für Formulierungen, die sensibel mit möglichen Diskriminierungen umgehen.

Hin und wieder muss es übrigens die eigene Erfahrung sein, die uns etwas lehrt. Ich wuchs als weiße Deutsche unter weißen Deutschen auf – in einer Kleinstadt und sehr durchschnittlich. Es gab dort nur wenige Menschen, die nicht zur sogenannten Mehrheitsgesellschaft gehörten. Ich dachte zudem, ich sei weltoffen und kein bisschen rassistisch, sexistisch oder auf anderen Ebenen diskriminierend, auch nicht aus Versehen. Vor etwa elf Jahren fand ich heraus, wie sehr ich mich geirrt hatte: Die Adoption eines Schwarzen Kindes führte mir als Mutter sehr bald und sehr drastisch vor Augen, was rassistische Diskriminierung ist, wie sie wirkt und dass ich als weißer Mensch von diesem System profitiere. (Weiter-)Bildung hilft und so befasste ich mich intensiv mit diesem Thema und mit diskriminierenden Strukturen und Mustern allgemein. Neben zahlreichen mit viel Erkenntnisgewinn absolvierten Weiterbildungen bringt heute noch beinahe jeder Tag neue Einsichten. Gleichzeitig sensibilisiere ich in

Workshops Menschen für (unbewusste) Diskriminierungen, bin Organisationsentwicklerin, Sensitvity-Readerin und Inhaberin des Onlineshops **DIVERSITY IS US**, in dem ich Bücher, Spielsachen und vieles mehr rund um Diversität und Sensibilisierung für Vielfalt anbiete.

Als Autorin dieses Buches bin ich mir der meisten meiner Privilegien und Benachteiligungen bewusst. Ich verstehe, dass meine Position es mir ermöglicht, auf Ressourcen zurückzugreifen, die anderen nicht zur Verfügung stehen. Ich reflektiere meine eigenen Denkmuster und mein eigenes Lernen ist Teil meiner Arbeit. Daher freue ich mich über Rückmeldungen und Anregungen zu diesem Buch.

Die Möglichkeit, dieses Buch zu schreiben, möchte ich nutzen, um das Thema der diskriminierungsfreien Kommunikation vielen Menschen leicht zugänglich zu machen und ihm mehr Präsenz zu geben. Das Ziel, alle Menschen gleichberechtigt darzustellen, können nur alle gemeinsam erreichen – diese Aufgabe ist keine, die nur die betroffenen oder die nicht betroffenen Personen etwas angeht.

Lernen Sie die typischen Fallen sprachlicher Diskriminierungen kennen und wie Sie mit Empathie ganz einfach neue, diskriminierungsfreie Formulierungen finden. Damit können Sie täglich dazu beitragen, dass es mehr diskriminierungsfreie Texte gibt und Sie mehr Menschen respektvoll ansprechen.

Noch ein kleiner Dank und ein wenig Glitzer an einige der Menschen, ohne die dieses Buch nicht entstanden wäre: S. und R.: ohne euch geht einfach sowieso gar nichts – ich liebe euch; Toby und Ruth – ihr seid meine persönlichen Sprach- und Buchheldinnen; Arianne, Ela, Jay und Tanja – ohne euch hätte ich das Thema Diversity als zu anstrengend aufgegeben. Danke, dass ihr mir immer wieder sagt, wie wichtig es ist. An alle Nichtgenannten, die wissen, dass sie auch hierhergehören: Danke euch.

Ihnen wünsche ich viel Spaß und Erfolg beim Finden kreativer, neuer, diskriminierungsfreier Formulierungen.

Oda Stockmann

DISKRIMINIERUNG VERSTEHEN

Um leichter verständlich zu machen, wie Diskriminierung meistens funktioniert, finden Sie hier Begriffserklärungen zu den im Buch verwendeten Konzepten. Wenn Sie dieses Wissen verinnerlicht haben, können Sie im Alltag zukünftig einfacher erkennen, wo die Gefahr von unbewusster Diskriminierung droht.

Eigene Diskriminierungserfahrungen zu haben, ist keine Qualifizierung, damit Sie in der Lage sind, sich diskriminierungssensibel und empathisch auszudrücken. Auch diejenigen von uns, die privilegiert scheinen und nur wenig eigene Diskriminierungserfahrungen haben, sind sowohl in der Lage als auch in der Verantwortung, sich mit dem Thema auseinanderzusetzen.

Es gibt keine Garantie, dass das, was heute als richtig angenommen wird, dauerhaft als angemessen empfunden wird. Da Sprache und unsere Welt sich wandeln, können sich die hier aufgeführten Inhalte wie die Begriffe und Selbstbezeichnungen ändern. Sehen Sie dieses Buch daher bitte als Startpunkt Ihrer eigenen Weiterentwicklung hin zu diskriminierungsfreierer Sprache. In diesem ersten Kapitel geht es zunächst um die grundlegenden Konzepte und Begrifflichkeiten dafür. Sie sind Ihr Handwerkszeug für eine gelingende diskriminierungsfreie Kommunikation.

Eine Frage der Haltung

Es gibt so viele verschiedene Menschen mit unterschiedlichen Bedürfnissen, Wahrnehmungen und Lebensrealitäten. Wie können Sie da überhaupt eine Sprache finden, in der sich alle respektvoll angesprochen fühlen? Eine, die alle Menschen gleich gerecht darstellt und berücksichtigt, ohne auszugrenzen?

Diskriminierung
Diskriminierung wird in diesem Buch als Wort verwendet für eine ungerechte Ausgrenzung oder Benachteiligung aufgrund eines oder mehrerer Merkmale wie Geschlecht, Alter, Herkunft, Religion oder Behinderung.

Beleidigung
Eine Beleidigung ist demgegenüber eine herabwürdigende Äußerung oder Handlung, die darauf abzielt, jemanden persönlich emotional anzugreifen oder zu verletzten, ohne dabei zwangsläufig auf bestimmte Merkmale Bezug zu nehmen. Diskriminierungen sind systematisch und betreffen Gruppen, während Beleidigungen individuell sind.

diskriminierungsfrei
Diskriminierungsfrei ist Sprache, wenn sie auf Benachteiligungen oder Zurücksetzungen verzichtet und Gleichwertigkeit herstellt.

Lediglich bestimmte Wörter zu vermeiden, reicht nicht aus. Es ist notwendig, sich mit dem, was Sie aussagen wollen und was Sie gewohnt sind zu sagen, auseinanderzusetzen. Der Kontext, in dem etwas formuliert wird, ist außerdem wichtig, denn er ruft immer Assoziationen hervor. Er schafft den Rahmen, durch den etwas betrachtet wird. Und das macht die Sache mit der diskriminierungsfreien Kommunikation so knifflig: Wir machen Fehler und das macht uns menschlich. Gleichzeitig bedeutet es, dass Sie sowohl milde mit Ihren eigenen Fehlern als auch mit denen Ihrer Mitmenschen umgehen können.

Immer dann, wenn Sie keine Lösung finden, mit der Sie alle Menschen gleich gerecht berücksichtigen können, bietet sich Ihnen eine gute Möglichkeit, völlige Diskriminierungsfreiheit als Ziel für den Weg zu nehmen und auf dem Weg dahin diskriminierungssensibel zu handeln. Das heißt, dass Sie sich empathisch in die verschiedenen Positionen hineinversetzen, überlegen, in welcher Position Sie sich selbst befinden und abwägen, wie Sie formulieren können, ohne Menschen auszugrenzen. Sie sind dann also sensibel für die möglichen Diskriminierungen und wägen ab, welche die Formulierung ist, die im jeweiligen Kontext vermutlich die geringsten und wenigsten Verletzungen anrichtet.

Diskriminierungsfreie Sprache ist immer auch eng mit der eigenen inneren Haltung zum Thema Vielfalt verknüpft. Solange Sie sensibel mit Sprache umgehen und Menschen gleichermaßen wertschätzen, sind Sie auf dem richtigen Weg zur diskriminierungsfreien Kommunikation. Wenn Sie dann doch einmal Kritik erfahren, ist dies eine gute Gelegenheit zu überprüfen, was genau Sie sagen wollten und ob Sie es nicht in einer diskriminierungssensibleren Sprache formulieren können. Dabei helfen Ihnen die Reflexionsfragen im Abschnitt »Die wichtigste und 15 wertvolle Fragen« (S. 25) und die Erläuterung der diskriminierenden Strukturen und Muster im Unterkapitel **Team Normal und Team Anders** (S. 16).

Diversity, Diversität, Vielfalt

Der Begriff Diversity aus dem Englischen wird in diesem Buch synonym verwendet zu dem aus dem Lateinischen stammende Wort Diversität und dem deutschen Wort Vielfalt. Es geht bei allen drei Begriffen um die Idee, dass alle Menschen ihr Potenzial leben können und Unterschiede als bereichernde Fülle verstanden werden.

Marginalisierung

Marginalisierung beschreibt den sozialen Vorgang, mit dem Gruppen von Menschen, die sich ein Merkmal teilen, an den Rand der Gesellschaft gedrängt werden. Sie werden zu etwas Unwichtigem, Nebensächlichem gemacht. Dadurch haben marginalisierte Menschen weniger Möglichkeiten, gleichberechtigt am gesellschaftlichen Leben teilzunehmen.

Die Gruppengröße ist bei der Marginalisierung nicht entscheidend. Es geht um den Mechanismus, durch den die dieser Gruppe angehörenden Menschen zu etwas Unwichtigem gemacht werden. So ist zum Beispiel die Gruppe der Menschen mit dem Geschlecht weiblich eine marginalisierte Gruppe, obwohl sie in Deutschland die größte Gruppe – bezogen auf Geschlechtsidentitäten – ist.

Menschen werden sprachlich zum Beispiel durch Verniedlichen klein gemacht und an den Rand gedrängt, etwa indem *-chen, -lein* und *-ling* an Personenbezeichnungen gehängt werden und der Artikel sich entsprechend ändert: *der Mann* wird *das Männlein* und aus *der Junge* wird *das Jüngelchen.*

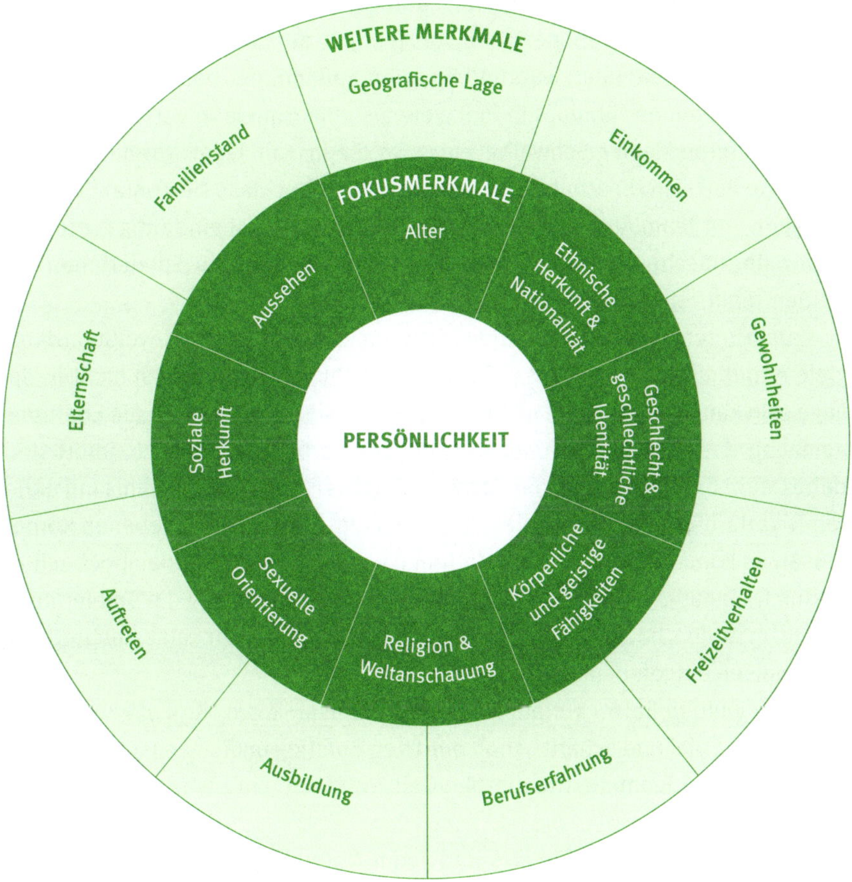

Nach: Gardenswartz und Rowe: »4 Layers of Diversity«, Charta der Vielfalt e. V. und Annika Schach: »Diversity & Inclusion in Strategie und Kommunikation« (2002), S. 121.

Team Normal und Team Anders

Stellen Sie sich vor: Heute sehen Sie das Fußballspiel von Team Normal und Team Anders der dritten Liga. Jedes Team trägt zur Unterscheidung die eigenen Trikots. Team Normal läuft in Rot-Schwarz auf, Team Anders in Gelb-Weiß. Das Spiel wird angepfiffen und eine Spielerin von Team Normal schießt das erste Tor. Obwohl sie eindeutig im Abseits war, zählt es. Der weitere Spielverlauf sieht in etwa so aus: Fouls an Spielerinnen von Team Anders werden übersehen oder nur geringfügig geahndet, während Fouls an Spielerinnen von Team Normal zu starken Sanktionen führen. Ein Platzverweis einer Spielerin von Team Anders erfolgt aufgrund einer Schwalbe einer Spielerin von Team Normal im Strafraum; sie ließ sich theatralisch zu Boden fallen, ohne dass sie Kontakt zu einer Spielerin von Team Anders hatte. Die Schiedsrichterin ist eindeutig parteiisch. Wenig überraschend gewinnt Team Normal 5:1, wobei die Spielerinnen der beiden Teams etwa gleich leistungsstark sind.

Der Hintergrund ist: Die Schiedsrichterin verbindet mit gelb-weißen Trikots viele Annahmen darüber, dass ein Team mit solchen Trikotfarben nicht in der Lage sein kann zu gewinnen. In ihrem Leben hat sie schon vielfach die Erfahrung gemacht, dass Spielerinnen mit solchen Trikotfarben schlechter trainiert sind, daher mehr foulen und zu einer härteren Spielweise neigen als Teams mit anderen Trikotfarben. Damit es in diesem Spiel nicht zu solch übertriebenen Körpereinsätzen kommt, hat sie die Spielerinnen von Team Anders genau beobachtet. Dadurch bestätigten sich ihre Befürchtungen und sie musste die Spielerinnen von Team Anders häufig ermahnen. Bei Team Normal sind ihr kaum unsportliche Spielweisen aufgefallen.

Der weitere Saisonverlauf ist übrigens dieser: Team Normal gewinnt beinahe jedes Spiel und schafft schon bald den Aufstieg in die nächsthöhere Liga, in der kaum ein Team die Trikotfarben Gelb-Weiß hat. Ein ziemlich ungerechtes Spiel, oder?

Das Spiel mit Team Anders und Team Normal ist eine Analogie für das Konzept des Othering.

Othering

Othering ist ein Prozess, bei dem Personen oder Gruppen andere als fremd oder anders kennzeichnen, oft im Kontext eines Machtgefälles. Die als anders geltenden werden diskriminiert und haben wenig Möglichkeiten, sich dagegen zu wehren. Die Merkmale der fremden Gruppe werden als abweichend betont, wodurch Ausgrenzung und Abwertung entstehen, während die Eigengruppe ein positives Selbstbild erhält und als normal gilt.

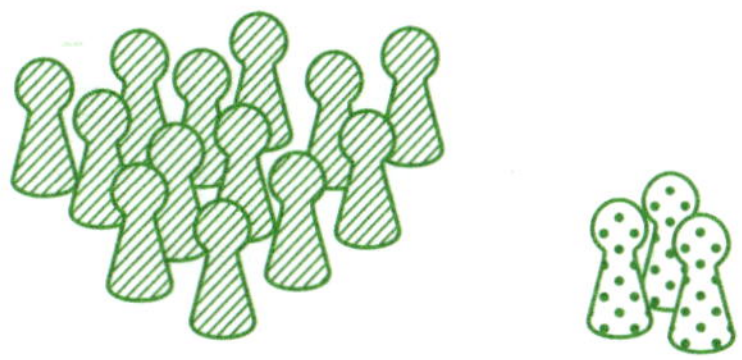

Die Merkmale für die Zugehörigkeit oder eben Nichtzugehörigkeit sind in der realen Welt natürlich nicht die Trikotfarben, sondern beispielsweise: soziale Herkunft, sexuelle Orientierung, ethnische Herkunft, Nationalität, Alter, Religion, Weltanschauung, Geschlecht, Genderidentität, Behinderung, körperliche sowie geistige Fähigkeiten und Aussehen. Sie heißen Diversitätsmerkmale. Welches Merkmal jemand hat, entscheidet jeweils, ob diese Person, bezogen auf dieses Merkmal, zu Team Normal oder Team Anders gehört. Team Anders wird gesellschaftlich ausgegrenzt und erhält negative Zuschreibungen, wodurch Team Normal automatisch positive Zuschreibungen erhält. Menschen von Team Anders wird ständig das Gefühl vermittelt, dass sie »nicht normal« sind, dass sie »anders« sind oder »nicht hierhergehören«. Die Diversitätsmerkmale von Team Normal finden als angenommener Standard keine besondere Erwähnung – im Gegensatz zu den »unnormalen« Merkmalen. Eine gängige verbale Beleidung spiegelt dies: »Du bist doch nicht normal!«, wodurch die eigene sowie die andere Position betont werden. Über diese Zuschreibungen und die daraus resultierenden ungleichen Möglichkeiten gibt es ein Machtgefälle zwischen den Gruppen. Team Normal hat durch dieses Machtgefälle gesellschaftlich betrachtet Vorteile.

MERKMALE VON TEAM NORMAL

Die Diversitätsmerkmale, die der individuellen Persönlichkeit am nächsten sind und damit als weitestgehend unveränderbar durch eigenes Handeln gelten, sind vereinfacht formuliert am Beispiel Deutschland für Team Normal:

- ohne Behinderung
- durchschnittliche oder überdurchschnittliche Lernfähigkeiten
- im mittleren Altersbereich
- nicht nachteilig von Rassismus betroffen
- männlich
- heterosexuell
- cisgender (Geschlechtsidentität, die mit dem bei der Geburt festgestellten Geschlecht übereinstimmt)
- soziale Herkunft: die Verhältnisse, in denen eine Person geboren und aufgewachsen ist, gelten im Hinblick auf die finanzielle Situation, das Bildungsniveau und den Beruf der Elternteile als gut oder überdurchschnittlich.
- christlich sozialisiert
- deutsche Nationalität
- ethnische Herkunft: wird nicht aufgrund kultureller Merkmale wie Sprache, Abstammung, Praktiken oder Überzeugungen als »fremd« oder »ausländisch« wahrgenommen.
- Aussehen gilt als durchschnittlich oder überdurchschnittlich.

Zu jedem dieser Punkte und zu weiteren Aspekten gibt es viel zu sagen und darauf wird später auch noch detaillierter eingegangen. Hier ist jetzt erst mal wichtig: Wann immer Team Normal bevorzugt wird, wird dieses System genauso verfestigt wie bei der Benachteiligung von Team Anders. Die Bevorzugung ist lediglich subtiler und vor allem dann schwieriger zu erkennen, wenn Sie selbst zu Team Normal gehören.

Sprachlich zeigen sich Othering und Machtgefälle dadurch, dass eine Person ins Team Anders geschoben wird: Aus *Mann* im Team Normal wird *Männlein* mit der Zugehörigkeit zu Team Anders. Oder die Zugehörigkeit zu Team Anders wird ohne kontextuelle Notwendigkeit besonders betont: *Die aus Tansania stammende Chefin hielt eine herausragende Präsentation.*

Eine weitere Form des Otherings ist die Betonung der als positiv eingeordneten Eigenschaften im Team Normal: *Mit gesundem Menschenverstand war das die einzig richtige Entscheidung.* Dadurch wird eine Abgrenzung zu Team Anders verfestigt: *Gesunder Menschenverstand* heißt in diesem Kontext so viel wie *ohne psychische oder seelische Beeinträchtigung.*

⇨ Weiterdenken: *Othering auch umgekehrt?*

Im realen Leben kann es dazu kommen, dass sich Machtverhältnisse verschieben, und zwar immer dort, wo es größere Gruppen mit Menschen eines Merkmals von Team Anders gibt und kleine Gruppen mit Menschen eines Merkmals von Team Normal. Gesamtgesellschaftlich verändern sich die Machtverhältnisse dadurch jedoch nicht. Es bedeutet lediglich, dass auch Menschen aus Team Normal in individuellen Situationen benachteiligt sein können.

VERLETZUNG UND ZUGEHÖRIGKEIT

Neben den bereits erwähnten Diversitätsmerkmalen gibt es auch Gruppenzugehörigkeiten entlang weiterer Merkmale, die zu Othering führen können. Und die allermeisten Menschen vereinen sowohl Aspekte von Team Normal als auch von Team Anders in sich. So gesehen sind alle an der einen oder anderen Stelle ein wenig anders und dies sind die Stellen, an denen üblicherweise Diskriminierungserfahrungen gemacht werden. Wie stark diese jeweils beeinträchtigen, hängt vom Individuum ab, der Menge der Diskriminierungserfahrungen und Faktoren wie persönlicher Resilienz und Unterstützungssystemen.

⇨ Weiterdenken: *Verletzungen*

Verletzungen werden individuell unterschiedlich wahrgenommen und verarbeitet. Eine eventuelle Hierarchisierung der schlimmsten Erfahrungen hilft nicht, die Frage zu beantworten, welche Diskriminierungen als verletzendste idealerweise zuerst vermieden werden sollten. Wägen Sie, wo nötig, kontextabhängig individuell ab oder tauschen sich zur Perspektiverweiterung mit anderen Menschen aus.

Zugehörigkeit

Der Begriff Zugehörigkeit bedeutet, dass Menschen sich in einer sozialen Gemeinschaft verankert, anerkannt und respektiert fühlen. In solch einem Umfeld werden Unterschiede wertgeschätzt und als Bereicherung betrachtet. Dadurch entsteht eine Atmosphäre der Offenheit und des Verständnisses und es fördert Selbstwertgefühl, soziale Kompetenz und Wohlbefinden. Ein fehlendes Zugehörigkeitsgefühl kann hingegen zu Unzufriedenheit und Stress führen.

Ein Gefühl von Zugehörigkeit zu schaffen, bedeutet nicht, stets die Meinungen oder Handlungen anderer zu teilen oder zu akzeptieren, sondern jeden Menschen als Teil der Gesellschaft zu betrachten, einzubeziehen und respektvoll zu behandeln. Das mag für Sie vielleicht selbstverständlich klingen, ist es aber nicht.

SCHUBLADEN IM KOPF

Unser Gehirn verarbeitet laut Schätzungen aus der Neurowissenschaft etwa 11.000.000 Bytes an Informationen pro Sekunde. Lediglich maximal 40 davon werden bewusst verarbeitet, also von demjenigen Gehirnteil, der dem Parasympathikus zugerechnet wird.

Das bedeutet, dass die vom Sympathikus gesteuerte Informationsverarbeitung die wesentlich schnellere ist. Eine der Hauptaufgaben des Sympathikus ist, zu kategorisieren, einzuteilen und zu bewerten, und zwar anhand bekannter Muster.

Der Sympathikus hat also eine extrem wichtige Aufgabe. Dieses schnelle Kategorisieren ist überlebenswichtig, der Sortierungs- und Kategorisierungsvorgang aber auch vorschnell und fehleranfällig. Das Gehirn tendiert zum Schubladendenken, was zu Voreingenommenheit führt.

Bias

Wenn der Sortierungs- und Kategorisierungsvorgang des menschlichen Gehirns zu systematischen Denkfehlern in Bezug auf unterschiedliche Menschengruppen führt, bezeichnet man dieses Phänomen als Bias, was im Deutschen so viel wie »Voreingenommenheit« bedeutet. Unbewusste Annahmen, Stereotype oder einzelne persönliche Erfahrungen können so zu ungleicher oder ungerechter Behandlung führen.

Stereotyp und Klischee

Ein Klischee ist eine vereinfachte, oft wiederholte Vorstellung oder Darstellung. Es bezieht sich auf Personen, Gruppen oder Situationen und ist meist negativ.

Hingegen ist ein Stereotyp eine verallgemeinerte, oft ungenaue Annahme über Menschen bestimmter Gruppen, basierend auf Eigenschaften wie soziale und ethnische Herkunft, Geschlecht und Geschlechtsidentität, sexuelle Orientierung, Religion, Nationalität, Behinderung, Alter oder Aussehen.

Klischees sind allgemeinere Überzeichnungen, während Stereotype spezifischere Vorannahmen über Menschen der jeweiligen Gruppen darstellen. Die Begriffe können sich überschneiden und werden oft synonym verwendet. Sowohl Stereotype als auch Klischees sind vereinfachte, oft ungenaue Darstellungen, wodurch sie dazu beitragen können, Vorurteile und Diskriminierung zu fördern.

Diese Voreingenommenheiten sind wissenschaftlich belegt. Lasana L.T. Harris und Susan T. Fiske stellten ihre psychologischen Forschungsergebnisse zur Wahrnehmung extremer Randgruppen im Jahr 2006 vor. Sie wiesen zum Beispiel durch Gehirnscans nach, dass ein Gehirnbereich Aktivität zeigt, wenn ein Mensch auf einem Bild zu sehen ist, zu dem sich die Versuchspersonen zugehörig fühlen. Wurden hingegen Bilder von Menschen ohne dieses entgegengebrachte Zugehörigkeitsgefühl gezeigt, ergab sich ein anderer Effekt. Wenn zum Beispiel Versuchspersonen Bilder von obdachlosen Menschen oder drogenabhängigen Personen gezeigt wurden, wurden andere Gehirnbereiche aktiv. Es erfolgte dann eine blitzschnelle, unbewusste Gruppenzuordnung zu Team Anders. Es kann so weit gehen, dass den »Anderen« die Menschlichkeit abgesprochen wird.

Diese Muster sind glücklicherweise nicht festgeschrieben. Die Frage nach den möglichen Vorlieben des gezeigten Menschen aus Team Anders und das Nachdenken darüber löst diese Einordnung bereits auf. Das hat das gleiche Forschungsteam in einer anderen Studie 2007 nachweisen können.

Auch eine schlichte Gewöhnung an ein vielfältiges Umfeld kann diesen Vorgang verändern. Solange nicht die Notwendigkeit besteht, zwischen Kampf oder Flucht wählen zu müssen, könnten Sie sich übrigens bewusst dazu entscheiden, dass der Parasympathikus die Steuerung übernimmt, nämlich durch Nachdenken. Mit diesem weitaus langsameren Gehirnteil können Sie in Ruhe Ihren Bias betrachten und neu bewerten.

Genau hierin findet sich ein maßgeblicher Aspekt: Es kostet Zeit und Denkarbeit, sich mit den eigenen Denkmustern auseinanderzusetzen, und das kann eine Herausforderung sein. Die gute Nachricht ist, dass Sie jedes Mal, wenn

Sie darüber nachdenken, ein wenig besser und schneller werden, auch wenn es um andere Vorurteilsbereiche geht.

⇨ Weiterdenken: *Eigene Implizite Assoziationen testen*

Neugierig geworden? Sie können mit dem Implicit-Association-Test der Nichtregierungsorganisation »Project Implicit« selbst herausfinden, in welchen Bereichen Ihre unbewussten Denkmuster welche Ausprägungen haben: https://implicit.harvard.edu/implicit/germany/takeatest.html

Alle Denkmuster, die unbewusste Annahmen zu Gruppen von Team Anders bestätigen, fügen sich reibungslos ein. Erfahrungen, die diesen Annahmen widersprechen, führen hingegen zu Verwirrung. Passt eine Person nicht ins Muster, wird sie als Ausnahme wahrgenommen, die nur die Regel bestätigt. Diese sogenannten Bestätigungsfehler sind eine gute Lösung für unser schnelles, unbewusstes Denken, mit Ungereimtheiten umzugehen und die eigenen Erwartungen, also das eigene unbewusste Schubladendenken, zu erfüllen.

Fallbeispiel: *Behinderung und Sportlichkeit*

Der Gedanke, alle Menschen mit Behinderung seien unsportlich, kommt einem schnell, während gleichzeitig die Schlussfolgerung, alle Menschen ohne Behinderung seien sportlich, nicht gezogen wird. Ist dann doch ein Mensch mit Behinderung besonders sportlich, wird dies oft betont und hervorgehoben. Das Muster »Ausnahmen bestätigen die Regel« wird bedient und die Aufteilung in die beiden Teams bleibt erhalten.

Einzelne Menschen von Team Anders werden so als stellvertretend für alle Menschen in der Gruppe eingestuft; sie werden eher als Gruppenangehörige und nicht als Individuen betrachtet. Menschen des Teams Normal werden hingegen systematisch als Individuen angesehen.

INTERSEKTIONALITÄT UND POSITIVE DISKRIMINIERUNG

Intersektionalität

Jeder Mensch vereinigt viele verschiedene Merkmale in sich – manche davon zählen zu Team Anders und manche zu Team Normal. Intersektionalität ist ein Konzept, das zeigt, wie verschiedene Formen von Diskriminierung, aber auch Privilegien, sich überschneiden und potenziell verstärken. Von der Schwarzen Juraprofessorin und Feministin Kimberlé Crenshaw wurde das Konzept Intersektionalität 1989 zuerst beschrieben. Es ist wie eine Straße, die an einer Kreuzung (englisch *intersection*) auf eine weitere Straße trifft. Jede Straße steht für ein Diskriminierungsmerkmal. An der Kreuzung überlagern sich die Merkmale.

Fallbeispiele: *Intersektionalität*

Eine Schwarze Frau mit Rollstuhl macht andere Diskriminierungserfahrungen als eine Schwarze Frau ohne ein solches Hilfsmittel. Das muslimische Kind einer reichen Familie macht in der Schule andere Erfahrungen als das muslimische Kind einer armen Familie oder das christliche Kind einer reichen oder armen Familie. Nur sehr wenige Menschen haben ausschließlich Merkmale aus nur einem Team.

⇨ Weiterdenken: *Selbst betroffen und trotzdem ausgrenzen*

Achtung! Wenn Sie von einer Diskriminierung aufgrund eines Merkmals selbst betroffen sind, kann es trotzdem sein, dass Sie andere mit demselben Merkmal und aufgrund desselben Merkmals ausgrenzen. Beispielsweise kann eine Frau einen frauenfeindlichen Witz erzählen, diesen lustig finden und gleichzeitig negativ von Sexismus betroffen sein.

Positive Diskriminierung

Positive Diskriminierung ist eine Strategie, die darauf abzielt, Benachteiligungen bestimmter Gruppen durch gezielte bevorzugte Behandlung auszugleichen, um Chancengleichheit und gesellschaftliche Teilhabe zu fördern. Ein Beispiel sind Frauenquoten in Führungsetagen von Unternehmen. Der Zusatz unter einer Stellenausschreibung wie *Schwerbehinderte Menschen werden bei gleicher Eignung bevorzugt eingestellt* weist auf positive Diskriminierung hin.

Positive Diskriminierung ist umstritten, weil ein Nachteilsausgleich diskriminierter Gruppen durch eine Bevorzugung – und damit Benachteiligung der anderen Gruppen – erfolgt. Das Prinzip der Gleichberechtigung wird also verletzt, um strukturelle Ungleichbehandlung aufzuheben. Der Kritikpunkt ist, dass das ähnlich ungerecht sei, wie die ursprüngliche Diskriminierung. Kritiker*innen argumentieren zudem, dass die positive Diskriminierung letztlich Ungleichheit fördert, indem sie Unterschiede zwischen Gruppen betont, anstatt sie zu verringern.

Die Frage nach der Notwendigkeit und dem Sinn von Quoten ist also nicht leicht zu beantworten. Solange es nicht auf anderem Wege geschafft wird, strukturelle Ungerechtigkeiten auszugleichen und bessere Zugangsmöglichkeiten zu schaffen, scheinen sie einen praktischen Ansatz zu liefern. Quotenregelungen sollten jedoch nicht das Ziel der Bemühungen von Antidiskriminierung sein, sondern nur ein Zwischenschritt auf dem Weg Richtung gleichberechtigter Zugangsmöglichkeiten.

Diskriminiere ich?

Das Silbertablett mit der einen einfachen Lösung zur diskriminierungsfreien Sprache gibt es leider nicht. Wenn Sie diskriminierungsfreier kommunizieren wollen, gibt es aber einen guten Weg: Sie lernen, die eigenen unbewussten Vorurteile und Denkmuster besser zu erkennen und zu hinterfragen, und können sie reduzieren. Bedenken Sie: Wann immer jemand in Team Anders oder Team Normal eingeordnet wird, kann Diskriminierung leicht auch versehentlich geschehen.

Wenn Sie diese Einordnungen jedoch vermeiden, gehen Sie kaum ein Risiko ein. Die nachfolgenden Anregungen können je nach Aufgabe oder Herangehensweise und abhängig von Schreibstil, Text und Zielgruppe unterschiedlich effektiv sein. Probieren Sie einfach verschiedene Ansätze aus und verwenden diejenigen, die am besten zu Ihnen passen und bei denen Sie das Gefühl haben, dass sie Ihnen weiterhelfen.

Die Fragen im ersten Teil dieses Kapitels sollen Sie dabei unterstützen, direkt am Text zu arbeiten, und durch die Anregungen im zweiten Teil gelangen Sie zu einem besseren Verständnis Ihrer eigenen Denkmuster. Beides zusammen ergibt Ihren Werkzeugkoffer für eine diskriminierungsfreie Kommunikation.

DIE WICHTIGSTE UND 15 WERTVOLLE FRAGEN

Was will ich eigentlich sagen? Das ist die wichtigste und erste Frage, die Sie sich stellen sollten. Orientieren Sie sich an ihr und überlegen, welche Bilder Sie erzeugen wollen und welche Personen Sie dazu in der von Ihnen gewählten Sprache wie darstellen wollen und müssen. Analysieren Sie mit den folgenden Fragen Ihre Sprache genauer und gestalten Sie sie diskriminierungsfreier. Nicht alle der Fragen sind für alle Situationen und Kontexte gleichermaßen relevant. Sie werden schnell herausfinden, welche für Sie nützlich sind. Wenn Sie eine der Fragen mit »Nein« beantworten, könnte das ein Indikator für möglicherweise diskriminierende Kommunikation sein. Dann können die 10 Techniken zur Reflexion helfen, die hier im Anschluss an die Fragen aufgelistet sind.

1. Schreiben Sie selbst im konkreten Text aus der Perspektive von Team Anders?
2. Haben Sie ausreichend Innenperspektive, sodass weitere gründliche Recherchen unnötig sind?
3. Ist die Person oder sind die Personen, über die Sie schreiben, aus Ihrer Sicht im Team Normal und wird dies nicht als Standard gewertet oder positiv eingestuft?
4. Werden Team Normal und Team Anders an gleichen Ansprüchen gemessen?
5. Haben Sie auf Pauschalisierungen, Klischees oder Stereotype verzichtet und wurde niemand anhand von Gruppenzugehörigkeiten beschrieben?
6. Werden Personen im Text respektvoll und gleichwertig dargestellt?
7. Verwenden Sie bei Nennung von Namen und Funktion bei allen Personen das gleiche Format?
8. Sind die Individuen merkmalsunabhängig, facettenreich und mit gleicher Komplexität dargestellt?
9. Haben Sie bestimmte hervorgehobene Merkmale der Personen nur dann verwendet, wenn sie für den Kontext notwendig sind?
10. Gibt es unterschiedliche Perspektiven und Erfahrungen im Text und sind sie angemessen dargestellt?
11. Funktioniert der Text auch dann ohne Ungereimtheiten und Widersprüche, wenn die Merkmale der Personen geändert werden?

12. Sind die dargestellten Personen handelnde Individuen, die selbstbestimmt Entscheidungen treffen können?
13. Ist niemand als Problemfall dargestellt?
14. Sind Annahmen über erwähnte Personen begründet?
15. Sind alle Formulierungen eindeutig und verständlich?

Wenn Sie Bilder auswählen oder Interviews wiedergeben, gelten die genannten Fragen ebenso. Bei Interviews können Sie zudem überprüfen, ob Sie selbst etwas hinzugefügt oder weggelassen haben und ob sich dadurch eine veränderte Perspektive ergibt. Bilder sollten Sie kritisch daraufhin beurteilen, ob alle Personen selbstbewusst, aktiv und würdevoll dargestellt sind oder ob sie unbewusste Denkmuster enthalten.

REFLEKTIEREN MIT 10 TECHNIKEN

Sie selbst sind der Schlüssel zu besseren Texten und besserer Kommunikation. Indem Sie kontinuierlich Ihre eigene Denkweise hinterfragen, werden Sie sensibler für die Bedürfnisse anderer und können Ihre Sprache ansprechender und diskriminierungsfreier gestalten. Überraschen Sie sich selbst mit den neuen Einblicken, die Sie in diesen 10 Techniken gewinnen können.

1. **Schubladendenken**

   Suchen Sie sich eine soziale Gruppe aus und notieren Sie so schnell wie möglich etwa zehn Wörter oder Ausdrücke, die Ihnen in den Sinn kommen, wenn Sie an diese Gruppe denken. Seien Sie ehrlich dabei. Besonders die negativ bewerteten Ausdrücke helfen Ihnen, dem eigenen Schubladendenken auf die Spur zu kommen.

   Überprüfen Sie anschließend Ihre Liste auf bewertende oder diskriminierende Begriffe und überlegen Sie, was Sie ändern können, um offener und respektvoller gegenüber dieser Gruppe zu sein.

2. **Stichwortliste**

   Notieren Sie sich Stichworte, die in Ihrem Text vorkommen und möglicherweise diskriminierend wirken könnten. Überlegen Sie, ob Sie diese Begriffe durch neutralere und inklusivere Ausdrücke ersetzen können.

3. **Drei-Wörter-Test**
Nachdem Sie einen Text verfasst haben, überlegen Sie sich drei Adjektive, die ihn möglichst präzise beschreiben. Hinterfragen Sie diese Adjektive: Sind sie respektvoll und inklusiv bezogen auf die dargestellten Personen und passen sie zu dem, was Sie sagen möchten?

4. **Blickwechsel mit Spiegel**
Schauen Sie in einen Spiegel, versetzen sich in die Lage der verschiedenen Personen, über die Sie geschrieben haben und versuchen Sie, ihre Perspektiven einzunehmen. Lesen Sie sich selbst nun jeweils in einer dieser Rollen den Text vor. Beobachten Sie, welche Gefühle bei Ihnen entstehen. Achten Sie auf mögliche diskriminierende Ausdrücke und Redewendungen und versuchen Sie, sie anzupassen. Fragen Sie sich dabei, ob der neu formulierte Text für diese Personen respektvoll und inklusiv ist, und nehmen Sie gegebenenfalls erneut Änderungen vor.
In einer anderen Variante können Sie den Text aus den Rollen der einzelnen Personen auch vorsprechen und auf Ihre Stimmlage achten. Welches Bild zeigt sich darin?

5. **Tausch der Merkmale**
Identifizieren Sie im Text, welche Merkmale die verschiedenen Personen auszeichnen. Wo sind sie jeweils Team Anders und wo Team Normal? Nun tauschen Sie die Merkmale durch ihr Gegenteil aus – Personen und Text bleiben ansonsten unverändert. Ist der Text dann immer noch vollständig logisch und und klingt kein bisschen seltsam, haben Sie wahrscheinlich schon diskriminierungssensibel geschrieben. Tauchen jedoch plötzlich Ungereimtheiten auf, können Sie noch einmal genauer überprüfen, ob sich irgendwo stereotype Vorstellungen eingeschlichen haben.
Angenommen Sie schreiben über eine Schwarze, verheiratete, heterosexuelle Frau. Funktioniert der Text genauso mit einem weißen, unverheirateten, schwulen Mann, wurde wahrscheinlich bereits diskriminierungssensibel geschrieben. Bei Ungereimtheiten forschen Sie weiter nach: Sind die ursprünglich gegebenen Informationen wichtig

für die Lesenden und den Text? Gibt es Zuordnungen in Team Anders, die Sie vermeiden könnten?

6. **Inventar der Stereotype**
Das Inventar der Stereotype wird Ihr Nachschlagewerk. Erstellen Sie eine Liste von Verallgemeinerungen und Vorurteilen, die Sie über verschiedene soziale Gruppen haben. Wann immer Sie nun über Gruppenmitglieder schreiben, können Sie abgleichen, ob Sie eines der von Ihnen zuvor identifizierten Vorurteile oder Stereotype bedienen. Dadurch schließen Sie bereits etliche Diskriminierungsfallen aus. Das Inventar der Stereotype können Sie jederzeit erweitern, sodass es mit Ihrem Wissen wächst.

7. **Sich austauschen**
Bitten Sie eine vertrauenswürdige Person, Ihren Text zu lesen und Feedback zur diskriminierungssensiblen Sprache zu geben. Nutzen Sie dieses Feedback, um Ihren Text anzupassen und zu verbessern.

8. **Kritik verarbeiten**
Sie haben viel Mühe investiert, aber die Kritik prasselt dennoch auf Sie nieder? Kritik ist fast immer unangenehm und oft reagieren wir mit einer Abwehr, um die unangenehmen Gefühle so schnell wie möglich verschwinden zu lassen. Oft enthält Kritik wichtige, zuvor übersehene Aspekte und die Chance, etwas besser zu machen. Ein neues, souveränes Verhalten anstelle der Abwehr könnte sein: Atmen Sie durch, prüfen Sie, in welchen Punkten die Kritik gerechtfertigt sein könnte, üben Sie sich darin, sich für die Kritik zu bedanken und, wenn es Ihnen möglich ist, entschuldigen Sie sich für Ihren Fehler und starten neu.
Hilfreich kann es außerdem sein, die eigenen Emotionen zu beobachten und sie von dem Vorgang des Kritisiertwerdens zu trennen.

9. **Umfeld wahrnehmen**
Schauen Sie sich am Arbeitsplatz um und beobachten Sie, welche Menschen Sie täglich um sich haben. Sind es Menschen mit vielen ähnlichen oder vielen unterschiedlichen Merkmalen? Gibt es Unterschiede in den

verschiedenen Abteilungen oder auf den Hierarchieebenen? Beobachten Sie genauso Ihr privates Umfeld. Vergleichen Sie die beiden Bereiche. Überlegen Sie sich, warum die Merkmale so verteilt sind, wie sie es sind.

10. Medienanalyse

Achten Sie beim Lesen von Artikeln, Büchern, Social-Media-Beiträgen oder beim Ansehen von Filmen und Serien auf Vorurteile und Stereotype. Analysieren Sie, wie Vorurteile präsentiert werden und welche Auswirkungen sie auf die Wahrnehmung von verschiedenen sozialen Gruppen haben.

Überprüfen Sie beim Fernsehabend auf der Couch zum Beispiel, wie viele Menschen einer sozialen Gruppe mit welchen Merkmalen gezeigt werden. Zählen Sie einfach durch und spielen Sie Ihre eigene Variante eines Bullshitbingos. Erstellen Sie dazu eine Liste der geläufigsten Vorurteile und Stereotype und haken ab, wenn Sie eins beobachtet haben.

Nutzen Sie soziale Medien wie Facebook, TikTok oder Instagram? Schauen Sie sich an, welchen Accounts Sie folgen: Sind es Menschen Ihrer eigenen Gruppen oder sind auch andere Gruppen vertreten?

⇨ Weiterdenken: *Bechdel-Wallace-Test*

Der Bechdel-Wallace-Test ist nicht wissenschaftlich, liefert aber interessante Einsichten. Er dient dazu, Filme auf die gleichberechtigte Darstellung von Männern und Frauen zu bewerten. Ein Film besteht den Test, wenn er folgende Kriterien erfüllt:

- Es muss mindestens zwei Frauenrollen geben.
- Die Frauen müssen miteinander sprechen.
- Das Gesprächsthema der Frauen muss etwas anderes als ein Mann oder Kleidung sein.
- Optional: Beide Frauen haben im Film einen Namen.

Randnotiz für Fantasybegeisterte: Die *Der Herr der Ringe*-Trilogie mit nahezu neun Stunden Länge enthält genau eine entsprechende Szene: Eowyn tröstet ein junges Mädchen. Diesen Test können Sie für die Darstellung von Menschen mit unterschiedlichen Merkmalen adaptieren.

⇨ Weiterdenken: *Journaling*

Journaling erinnert an das regelmäßige Führen eines Tagebuchs, wobei der Fokus auf einem festgelegten Thema liegt. Es dient der Reflexion, was themenbezogen in einem vor sich geht und was einen beschäftigt. Es hilft, Muster im eigenen Verhalten und Denken zu erkennen und zu hinterfragen. Im Tagebuch können persönliche Gedanken, Gefühle und Erfahrungen im Zusammenhang mit Diskriminierung und Sprache festgehalten werden. Reflektieren Sie regelmäßig Ihre Emotionen, Erfahrungen, neu entstandene Fragen sowie die Ziele, die Sie sich setzen. So können Sie Veränderungen beobachten. Beispiele für Selbstreflexionsfragen während des Journalings:

- Wie reagiere ich auf Menschen mit anderen Diversitätsmerkmalen als meinen eigenen?
- Welche Vorurteile und welches Schubladendenken habe ich?
- Was möchte ich verbessern in den nächsten sieben Tagen?
- Worauf möchte ich in den nächsten 14 Tagen verstärkt achten?
- Welche diskriminierenden oder stereotypen Aussagen habe ich gemacht?
- Welche Wörter oder welche Redewendungen möchte ich ersetzen?
- Welche Veränderungen sind mir positiv aufgefallen?

II

DIVERSITÄTSMERKMALE IM FOKUS

Dieses Kapitel ist Ihr Startpunkt für eine diskriminierungsfreie Sprache mit thematischem Fokus auf bestimmte Merkmale. Versteckte Diskriminierungen in der Sprache aufzudecken, erfolgt durch mehr Bewusstsein, wofür Ihnen das vorherige Kapitel allgemeine Anregungen gibt: die Unterscheidung zwischen Team Anders und Team Normal, die jeweiligen Merkmale der Teams und das Konzept der Intersektionalität, sprich, dass sich Merkmale gegenseitig beeinflussen können.

Hier bekommen Sie nun zuerst das Konzept von Selbstbezeichnungen und sechs allgemeine Schlüsselprinzipien für eine diskriminierungsfreie Sprache an die Hand. Das ist die Basis, mit der Sie zukünftig selbständig bessere Formulierungen finden.

Passend zu den üblichen Merkmalen folgen Unterkapitel mit den wichtigsten Begriffserklärungen, Reflexionsfragen und merkmalsbezogenen Schlüsselprinzipien, um einfach neue Formulierungen zu generieren. Dazu gibt es jeweils ein Wörterverzeichnis mit einer Auswahl möglicherweise diskriminierender Wörter mit alternativen Formulierungsvorschlägen.

> *I've learned that people will forget what you said, people will forget what you did, but people will never forget how you made them feel.*
>
> Maya Angelou

> *Ich habe gelernt, dass Menschen vergessen, was du gesagt hast, sie vergessen, was du getan hast, aber sie vergessen niemals, wie du sie fühlen ließest.*

Sich angenommen zu fühlen, wird unter anderem durch diskriminierungsfreie Sprache ermöglicht, weshalb sie der vermutlich wichtigste Punkt für eine diskriminierungssensible Arbeit ist. Das Zitat der US-amerikanischen Bürgerrechtlerin Maya Angelou verdeutlicht darüber hinaus eine der großen Herausforderungen diskriminierungsfreier Sprache: Es geht meistens darum, wie sich das Gegenüber fühlt und damit mehr darum, was und wie etwas gesagt wird, als um die Absicht, dass etwas gar nicht ausgrenzend gemeint war. Dabei spielt der Kontext eine große Rolle und es gibt leider keine objektiv messbaren Kriterien, anhand derer Sie unbeabsichtigte Ausgrenzung vermeiden können. So sind auch alle hier vorgeschlagenen Ausdrücke und Veränderungen nicht in Stein gemeißelt und es kann sein, dass sich Ansichten und Selbstbezeichnungen ändern.

Sie sollten also mit Empathie auf die unterschiedlichen Menschen, mit denen Sie kommunizieren und über die Sie schreiben, eingehen. Wenn Sie dabei noch die Intersektionalität berücksichtigen, kann das ganz schön herausfordernd werden.

Drei Schritte, die zu Diskriminierung führen können:

Gruppeneinteilung aufgrund bestimmter Merkmale in Team Anders und Team Normal

⇩

Zuschreibung von Stereotypen und Verallgemeinerungen

⇩

Die Stereotype und Verallgemeinerungen können zu Vorurteilen führen, die wiederum zu diskriminierenden Handlungen führen können.

Selbstbezeichnungen

In der Diskussion um diskriminierungsfreie Sprache sind Bezeichnungen für Personen und Gruppen von Menschen ein zentrales Thema. Es gibt viele Fremdbezeichnungen und, durch zahlreiche Diskurse entstanden, einige neuere Selbstbezeichnungen.

Selbstbezeichnung, Eigenbezeichnung, Fremdbezeichnung

Eine Selbstbezeichnung, auch Eigenbezeichnung genannt, ist die von einer Gruppe oder Einzelpersonen selbst gewählte Bezeichnung für die Gruppenzugehörigkeit. Sie dient oft der Selbstbestimmung und der Selbststärkung. Eine Fremdbezeichnung ist hingegen eine von einer außenstehenden Gruppe oder Einzelpersonen vergebene, oft stereotype oder diskriminierende Bezeichnung, die von Gruppenmitgliedern häufig abgelehnt wird.

Fallbeispiel: *Taubstumm* versus *gehörlos*
Eine noch hin und wieder geläufige Fremdbezeichnung ist das Wort *taubstumm*. Die neuere, inhaltlich treffendere Selbstbezeichnung zahlreicher Menschen ist jedoch *gehörlos*, denn gehörlose Menschen sind nicht grundsätzlich *stumm*, beispielsweise kommunizieren sie über Gebärdensprache.

Nutzen Sie, wo notwendig, Selbstbezeichnungen, wie sie von Interessensvertretungen oder den jeweiligen Personen mitgeteilt werden. Sie finden viele gängige Selbstbezeichnungen hier in den Unterkapiteln zu den einzelnen Merkmalen. Wenn es sich um Einzelpersonen handelt, nutzen Sie die Selbstbezeichnung dieser Person; sie kann von der Bezeichnung, die die meisten Menschen der Gruppe verwenden, abweichen. Reproduzieren Sie dabei nur von der jeweiligen Gruppe akzeptierte Selbstbezeichnungen. Heikel wird es, wenn Sie Bezeichnungen verwenden, die als diskriminierend eingeschätzt werden, auch wenn sich einzelne Personen so bezeichnen. Jede Person darf sich selbst nach Belieben bezeichnen. Zu einer diskriminierungssensiblen Sprache gehört es aber, auch in solchen Fällen passende Formulierungen zu finden, ohne von vielen anderen Menschen derselben Gruppe unerwünschte Fremdbezeichnungen zu reproduzieren.

Die sechs Schlüsselprinzipien diskriminierungsfreier Sprache

Direkten Personen- und Gruppenbezeichnungen wird in der Diskussion um diskriminierungsfreie Sprache viel Aufmerksamkeit geschenkt. Dabei gibt es jenseits davon, wie man Personengruppen benennt, viele Möglichkeiten, die eigene Sprache diskriminierungssensibel zu gestalten. Die folgenden Schlüsselprinzipien zeigen, wie leicht das gehen kann.

1. Rücken Sie den Menschen in den Vordergrund und nutzen Sie Adjektive anstatt Substantive, zum Beispiel: ***alte Menschen*** statt *die Alten*.
2. Ziehen Sie konkrete, detailreiche und gut recherchierte Beschreibungen Allgemeinplätzen vor.

3. Versuchen Sie, sich empathisch in die Person, über die Sie schreiben, hineinzuversetzen.
4. Nutzen Sie beim Verdacht, dass ein Wort diskriminierend sein könnte, für erste Hinweise eine Internetrecherche. Fragen Sie zum Beispiel einfach die Suchmaschine: ***Ist der Begriff XY rassistisch?*** So erhalten Sie einen ersten Eindruck über mögliche Diskussionen rund um den Begriff.
5. Aussagen wie »Wir möchten diverse Menschen ansprechen« sind unsinnig, denn Einzelpersonen können nicht divers sein. Gruppen von Einzelpersonen können divers zusammengesetzt sein. Für eine Stellenausschreibung nutzen Sie beispielsweise: ***Wir begrüßen ausdrücklich Bewerbungen von Personen mit Rassismus- und Diskriminierungserfahrungen.*** Bedenken Sie dabei bitte, Diskriminierungserfahrungen sind allgemeiner als Rassismuserfahrungen und Rassismuserfahrungen sind nicht dasselbe wie eine Flucht- oder Migrationsgeschichte.
6. Begriffe und Sprachgebrauch wandeln sich. Was gestern angemessen und eine fortschrittliche Sprache war, kann heute bereits diskriminierend sein. Beharren Sie nicht auf dem, was Sie einmal gelernt haben.

Fallbeispiel: *Farbige* versus *Schwarze Menschen*

Während beispielsweise *Farbige* schon immer ein abwertendes Wort für Schwarze Menschen war, galt es lange als fortschrittlich und als eine Verbesserung zu davor genutzten Fremdbezeichnungen. Das Wort wurde und wird von einigen weißen Menschen noch immer als wertschätzende Bezeichnung gesehen, während sich der Ausdruck *Schwarze Menschen* als neutral und als Selbstbezeichnung durchgesetzt hat.

Die typischen Fallen und Begriffe der folgenden Unterkapitel sind exemplarisch. Besonders stark diskriminierende Formulierungen werden hier möglichst nicht reproduziert. Sie werden hier nur gezeigt, wo sie als Sprachbelege wirklich notwendig sind und um sensibel zu machen. Der Fokus liegt auf Diskriminierungen und Othering gegenüber Team Anders, da Veränderungen hier den größten Effekt haben für eine diskriminierungsfreie Sprache.

Allen Begriffen gemeinsam ist, dass sie Ihnen Anregungen geben können, mögliche Diskriminierungen zu erkennen und darüber nachzudenken.

Letztendlich ist es immer Ihre Entscheidung, was Sie sagen wollen, und auch Ihre Sichtweise kann sich ändern.

Nationalität, ethnische Herkunft und Rassismus

HINTERGRUND

Diskriminierung aufgrund ethnischer Herkunft ist, kurz gesagt, die Erfahrung von Rassismus. Oft ist dabei Rassismus verknüpft mit Ideen von einer nichtdeutschen Nationalität.

Rassismus

Rassismus ist eine Diskriminierung von Menschen aufgrund ihres (vermeintlich fremden) Aussehens, ihrer (vermuteten) Herkunft oder ethnisch-kultureller Merkmale. Rassismus ist dabei an die Erfindung einer als minderwertig und unterlegen angesehen fremden Herkunft gebunden. In diesem Denken wird in unterlegene und überlegene Menschengruppen eingeteilt.

Das Wort *Rassismus* ist emotional beladen und löst bei vielen Menschen negative Gefühle aus. Einerseits bei denjenigen, die Ausgrenzungserfahrungen aufgrund von Rassismus machen, andererseits bei denjenigen, die sich mit dem Vorwurf konfrontiert sehen, rassistisch zu sein. Das hat auch damit zu tun, dass Rassismus im deutschsprachigen Raum oft mit dem Nationalsozialismus gleichgesetzt wird. Vereinfacht gesagt gibt es dadurch in vielen Fällen den Gedanken, dass rassistisch handelnde Menschen Nazis sind. Deshalb lässt der Begriff Rassismus bereits emotionale Schutzmauern entstehen, denn wer möchte schon gerne als Nazi bezeichnet werden?

Kommt es dazu, dass weitestgehend unwissentlich und ohne Absicht oder sogar mit besten Absichten versehentlich rassistisch diskriminiert wird, ist das oftmals schwer mit dem persönlichen Wertesystem vereinbar. Wir tun also etwas, das wir nicht wirklich wollen und rechtfertigen uns mit der gängigen Abwehrreaktion: »Es war doch nicht so gemeint.« Die Schlussfolgerung, dass unbeabsichtigtes rassistisches Handeln möglich ist, ohne dass man selbst nationalsozialistisches Gedankengut befürwortet, wird oft abgelehnt.

So haben wir im deutschsprachigen Raum für Menschen ohne persönliche negative Rassismuserfahrungen schlichtweg aufgrund von starken Abwehrmechanismen und mangelndem Wissen wenig gute und etablierte Wörter, die wir verwenden könnten, ohne gleich vor Angst, Scham oder Schuldgefühlen im Boden zu versinken. Gleichzeitig sind die Hürden von Menschen mit eigenen Rassismuserfahrungen enorm hoch, diese Erfahrungen zu kommunizieren – zum einen, weil es uns an Sprache dafür mangeln kann, und zum anderen, weil die Abwehrhaltung für das Thema so groß ist.

Emotional betrachtet werden zum Schutz des eigenen Wertesystems und vor negativen Rückmeldungen also idealerweise um jeden Preis Fehler vermieden. Das ist jedoch eine schlechte Atmosphäre, denn nur wenn Fehler erlaubt sind, ist angstfreie Weiterentwicklung möglich. Sie sind selbst nicht von Rassismus betroffen? Seien Sie lieber mutig und nehmen Sie auch Rückschläge in Kauf, als dass Sie es überhaupt nicht versuchen. Die meisten von Rassismus betroffenen Personen sind vermutlich lieber von Menschen umgeben, die versuchen, rassistische Denkmuster zu verändern, und dabei Fehler machen, als von denjenigen, die es aus Angst vor Fehlern gar nicht erst versuchen.

Abwehrkreislauf bei Rassismusvorwürfen

Möglichkeit, Wissen zu erwerben und aus dem Kreislauf und der Sackgasse auszusteigen

Oft steht die Frage im Raum, warum wir über Rassismus sprechen, obwohl es wissenschaftlich betrachtet keine Menschenrassen gibt. Im 18. Jahrhundert strebten in Europa Naturwissenschaft und Philosophie nach einer Erklärung und Klassifizierung der Welt. Menschen wurden unveränderliche, angeborene Eigenschaften zugeschrieben und sichtbare Unterschiede bewertet. Das dadurch entstandene Konzept unterschiedlich wertvoller Rassen unterstützte die Ausbreitung des Kolonialismus, Imperialismus und rassistischer Ideologien im 19. und 20. Jahrhundert. Die Idee unterschiedlicher Rassen wurde genutzt, um die Versklavung nichteuropäischer Menschen zu rechtfertigen. Ihnen wurde ein geringerer Lebenswert zugeschrieben.

Um Unterschiede im Aussehen und Rassismuserfahrungen benennen zu können, ohne auf das abwertende und unwissenschaftliche Konstrukt der Rasse zurückzugreifen, wird aktuell häufig der Ausdruck *ethnische Herkunft* oder das Wort *Ethnie* benutzt.

Ethnische Herkunft

Die ethnische Herkunft wird einer Person durch Geburt, Abstammung, Kultur, Geschichte oder Sprache zugeordnet. Eine Person kann eine oder mehrere ethnische Zugehörigkeiten haben, abhängig von der Herkunft ihrer Familie. Die Einteilung zu einer bestimmten ethnischen Herkunft erfolgt oft anhand optischer Merkmale.

Rassistische Diskriminierung findet neben der Zugehörigkeit zu einer ethnischen Gruppe auch aufgrund einer (zugeschriebenen) Nationalität statt.

Nationalität

Nationalität bezieht sich auf die rechtliche Zugehörigkeit einer Person zu einem bestimmten Land. Es ist ein politisch-juristisches Konzept und wird oft durch Geburt in einem Land (beispielsweise gültig in Frankreich) oder durch Abstammung von mindestens einem Elternteil aus einem Land (beispielsweise gültig in Deutschland) erworben. Nationalität ist mit einem bestimmten geografischen Gebiet verbunden. Synonyme für Nationalität sind Staatsbürgerschaft und Staatsangehörigkeit. Für einen rassismusfreien Zugang ist die Erkenntnis zentral, dass äußere Merkmale, ethnische Herkunft und Nationalität nicht selbstverständlich in einem Zusammenhang stehen.

Fallbeispiel: *Rassistisches Stereotyp*
Ein häufiges rassistisches Stereotyp ist die Annahme, dass Deutsche nicht Schwarz sein können. Von einer weißen Person in Deutschland wird hingegen viel schneller angenommen, dass sie eine deutsche Staatsangehörigkeit hat.

⇨ Weiterdenken: *Positiver Rassismus*
Als positiver Rassismus werden Handlungen oder Haltungen bezeichnet, die zwar gut gemeint sind, aber auf rassistischen Stereotypen und Vorurteilen basieren und diese reproduzieren. Beispiele für diese Vorstellungen sind: »Schwarze Menschen können gut tanzen« oder »Asiat*innen sind gut in Mathematik«. Hier wird Rassismus schön verpackt und mit einem Geschenkband umwickelt. Kennzeichnend ist, dass die übermittelten rassistischen Äußerungen oft ehrlich als Kompliment gemeint sind. Wie bei dem vorher beschriebenen Rassismus werden hier individuelle Eigenschaften auf eine ganze Gruppe bezogen.

SONDERFALL ANTISEMITISMUS

Immer wieder werden wir mit Antisemitismus, dem Hass gegen Menschen jüdischen Glaubens und jüdischer Identität, konfrontiert. Antisemitismus nutzt häufig Bilder von Geiz, Verrat oder unrechtmäßiger Geldmacherei als pauschalisierende Aussagen über jüdische Menschen. Antisemitismus ist ein Sonderfall, weil hier Rassismus und Diskriminierung aufgrund von Religionszugehörigkeit gleichzeitig vorhanden sind. Berücksichtigen Sie daher auch die Fallbeispiele im Unterkapitel **Religion und Weltanschauung** (S. 51).

REFLEXIONSFRAGEN

- Haben Sie davon abgesehen, bestimmten Nationalitäten oder ethnischen Gruppen bestimmte Rollen oder Verhaltensweisen zuzuordnen?
- Verzichten Sie in Ihrem Text auf Stereotype oder Klischees, um bestimmte ethnische Gruppen zu charakterisieren?
- Werden deutsche Menschen genauso dargestellt wie nichtdeutsche?
- Werden alle gleichberechtigt benannt? Zum Beispiel gleichermaßen mit Vor- und Nachnamen, Titeln oder Berufsbezeichnungen?

- Haben Sie die ethnische Herkunft oder Nationalität einer Person nur dann erwähnt, wenn es für den Kontext relevant ist? Falls nicht, warum nicht?
- Haben Sie vermieden, ganze Nationalitäten oder ethnische Gruppen aufgrund der Handlungen Einzelner zu bewerten?
- Sind Ihre Aussagen nicht eurozentristisch – also ohne den Gedanken, dass Europa der Ausgangspunkt für »korrekte« Werte, Sitten und Normen ist?
- Sind kulturell sensible Inhalte wie Überzeugungen, Normen und Werte, Traditionen und Bräuche bestimmter Gruppen korrekt dargestellt?
- Sind wichtige Stimmen der Kultur zitiert und namentlich benannt?

REFLEXIONSFRAGEN FÜR BILDER UND KARIKATUREN

- Werden Stereotype vermieden, wie zum Beispiel die Darstellung Schwarzer Personen mit großen, hellroten Lippen und runden, großen Augen, übergroßer, hakenförmiger Nasen bei jüdischen Menschen, finster dreinschauende Menschen mit dunklen Haaren und Bart, musikalische oder sportliche Schwarze Menschen?
- Sind Gesichtszüge, Gesten und Körperhaltungen ohne Übersteigerungen oder Karikierungen dargestellt?
- Wenn es besondere Symbole, Bekleidungen oder Einrichtungsgegenstände gibt, sind sie angemessen gezeigt?

SCHLÜSSELPRINZIPIEN

- Vermeiden Sie Rückschlüsse durch Personennamen, Sprache, Akzent oder Dialekt auf andere Eigenschaften einer Person.
- Bedenken Sie, dass die Ethnie einer Person nichts mit ihrer Nationalität zu tun haben muss.
- Gehen Sie immer davon aus, dass Sie die ethnischen oder nationalen Merkmale einer Person nicht anhand ihres Äußeren oder ihres Namens erkennen können.
- Wenn Sie Länder und Regionen benennen, wird Ihre Sprache präziser und neutraler als mit diskriminierenden Gruppenbezeichnungen. Globus oder Weltatlas können eine gute Unterstützung dabei sein.
- Berücksichtigen Sie, dass jede Person verschiedene Identitäten hat.

Fallbeispiel: *Intersektionalität*
Eine Schwarze Frau ist nicht nur Schwarz, sondern eben auch Frau; ein türkischer, schwuler Mann ist neben seiner ethnischen Herkunft schwul und eine deutsche Person mit einem koreanischen und einem ghanaischen Elternteil hat drei nationale Identitäten.

⇨ Weiterdenken: *Antirassismus*
Um antirassistisch zu handeln, reicht es nicht aus, sich zu entscheiden, nicht rassistisch zu sein. Antirassistisches Handeln setzt die aktive Auseinandersetzung mit eigenen, unbewussten Vorurteilen und eigenem rassistischen Handeln voraus. Erst das aktive Vorgehen gegen rassistische Ungerechtigkeiten wird als Antirassismus bezeichnet.

TYPISCHE FALLEN UND ALTERNATIVEN

Rassismus ist unglaublich gut darin, sich geschickt zu verstecken. Auch bei bekannten rassistischen Ausdrücken kann es eine Herausforderung sein, angemessene Alternativen zu finden. Die Liste enthält etliche gängige rassistische Formulierungen, Erläuterungen – eine Art Gedächtnisstütze, um rassistische Muster auch bei nicht aufgelisteten Wörtern zu erkennen – und bessere Alternativen.

Sehen Sie die Alternativen als Dialogvorschläge, denn Sprache wandelt sich stetig und wir lernen ständig hinzu. Wörter, für die ein weiter Konsens angenommen wird, dass sie diskriminierend sind, werden hier vermieden und wo notwendig abgekürzt. Für Schwarze Menschen sind es das *N-Wort* und das *M-Wort,* für Sinti*zze und Rom*nja das *Z-Wort,* für die indigene Bevölkerung Amerikas das *I-Wort*.

Die Liste konzentriert sich auf Wörter im Zusammenhang mit Rassismuserfahrung. Andere abwertende Wörter für Nationalitäten, wie zum Beispiel *Kartoffel, Kraut, Karen* oder *Alman* für deutsche Personen, sind ausgespart.

Bezüglich rassistischer Personenbezeichnungen gibt es zahlreiche Diskussionen. Bloß weil eine Organisation oder die Mehrheit sagt, dass etwas rassistisch ist, muss das nicht von allen so empfunden werden. Es gibt Menschen, die sich selbst mit möglicherweise diskriminierenden Bezeichnungen benennen, oft auch aus einer Selbstermächtigung heraus. Mindestens solange sie nicht derselben Gruppe angehören, ist es sinnvoll, die Begriffe nicht zu wiederholen, um damit nicht wiederum andere Menschen der Gruppe mit einer ungewünschten Fremdbezeichnung zu versehen.

nicht immer neutrale Ausdrücke	Perspektiven und rassismusfreie Alternativen
Abendland	... ist ein veraltetes Wort für den westlichen Teil der Welt, insbesondere für Europa und stereotypisierender Gegensatz zu → Morgenland. konkreter: ***Deutschland; Frankreich; Großbritannien; Niederlande; Österreich; ...***
Afrikaner/Afrikanerin	konkreter: Herkunftsland anstelle des Kontinents ***Mensch aus ...*** (Herkunftsland) Einwohnerbezeichnung: ***Nigerianer/Nigerianerin***
Asylant/Asylantin	Umschreibungen mit Adjektiven enthalten hier die Aspekte der Hilfsbedürftigkeit und rücken den rechtlichen Anspruch in den Vordergrund. ***Asyl suchende / asylberechtigte Person; Bewerber/Bewerberin um Asylrecht***
Ausländer/Ausländerin	... ist kein geeignetes Synonym für *Einwanderer/Einwanderin*. wenn notwendig: ***ausländische Bürger*innen; Einwohner*innen ohne deutsche Staatsbürgerschaft*** konkreter: ***spanische Touristin***
ausmerzen	Aufgrund der Verwendung im Nationalsozialismus als Euphemismus für *ermorden* im Rahmen der sogenannten Rassenhygiene wird dieses Wort vermieden. ***radikal beseitigen; entfernen***
Bananenrepublik	... ist exotisierend als Symbol für ein nichtrechtsstaatliches Land mit vermeintlich chaotischen Zuständen. Hier lohnt sich der Perspektivwechsel und der konkrete Ländername.
Dritte Welt	... spiegelt die Hierarchie aus der Kolonialzeit. ***Land oder Länder des globalen Süden*** konkreter: ***Afghanistan; Bangladesch; Liberia; ...***
dunkelhäutig	... wird oft als Fremdbezeichnung abgelehnt. ***Schwarz***

Eingeborene ... nutzt Bilder einer nichtzivilen Lebensweise als Gegenbild zu einem vermeintlich kulturell hoch entwickelten Europa.
Indigene

Entwicklungsland → Dritte Welt

Eskimo ... ist eine Fremdbezeichnung und ein Sammelbegriff für verschiedene Volksgruppen. *Inuit* ist kein Ersatzwort für alle Ethnien dieser Region.
indigene Bevölkerung der Arktis in Alaska/Grönland/Kanada/Sibirien
konkreter: ***Alëuten; Inuit*** (als Selbstbezeichnung); ***Yupik; ...***

exotisch ... bezeichnet Merkmale, Eigenschaften oder Aussehen, die aus eigener Sicht als untypisch oder ungewöhnlich wahrgenommen werden, oft Menschen aus dem globalen Süden beschreibend. In Bezug auf Menschen lohnt sich hier der Perspektivwechsel und eine kontextabhängige Konkretisierung.

Farbige/Farbiger ... ist heute abgelöst durch Selbstbezeichnungen:
Schwarze/Schwarzer; Schwarzer Mensch; Schwarze Person

Ferner Osten / Fernost ... ist aus westlicher Perspektive entstanden.
→ Mittlerer Osten / Naher Osten / Orient
Ostasien; Südostasien
konkreter: ***China; Japan; Korea; ...***

Flüchtling Das Suffix *-ling* wird hier als abwertend wahrgenommen (vgl. *Jüngling*). Die Verwendung eines Adjektivs stellt die Menschen mehr in den Mittelpunkt als deren Kategorisierung.
Adjektiv: ***geflüchteter Mensch; Geflüchtete***

Häuptling Oberhäupter von Volksgruppen oder Staaten sollten, egal welcher Herkunft, mit deren offiziellen Selbstbezeichnung benannt werden.
Oberhaupt; Staatsoberhaupt; Staatschef/Staatschefin; Präsident/Präsidentin; Kanzler/Kanzlerin; König/Königin

Hottentotten ... ist eine veraltete rassistische Sammelbezeichnung für afrikanische Völker im heutigen Namibia und Südafrika. Als rassistisches Schimpfwort ist es zu vermeiden.
konkreter: ***Khoikhoi; San;*** oder zusammen ***Khoisan***

karamellfarbene Haut ······ Vergleiche mit Lebensmitteln sind für Menschen nicht wertschätzend. Die Benennung einer konkreten Hautfarbe ist selten notwendig, etwa bei der Auswahl von Make-up, Bekleidungsstücken und Pflastern im passenden Hautton.
mittelbrauner/hellbrauner Hautton

Migrant/Migrantin, Migrationshintergrund ······ ... verstärkt eine Perspektive als fremdartig und fördebedürftig. So werden zum Beispiel Menschen mit Vorfahren aus anderen europäischen Ländern in Deutschland kaum als *Migrant/Migrantin* bezeichnet. Schaut man lange genug zurück, haben alle Menschen Migrationsgeschichte.
Menschen mit (jüngerer) Migrationsgeschichte; Mensch mit internationaler Familiengeschichte; Menschen aus eingewanderten Familien
konkreter: ***Menschen mit dänischen Vorfahren; Person mit türkischen Großeltern***

Mischling ······ ... ist im Tierreich bezogen auf das Kreuzen zweier Rassen. Für Menschen ist der Ausdruck mit einer Herabstufung verbunden und unangemessen.
mit Vorsicht: ***Kind von Eltern verschiedener ethnischer Herkunft***

Mittlerer Osten ······ ... ist aus westlicher Perspektive entstanden.
→ Ferner Osten / Naher Osten / Orient
konkreter: ***Afghanistan; Indien; Iran; Pakistan; ...***

Morgenland ······ ... ist ein veralteter, eurozentristischer Ausdruck, um Regionen östlich von Europa zu bezeichnen → Orient.
konkreter: ***Indien; Länder am östlichen Mittelmeer; Vorderasien; ...***

Naher Osten ······ ... ist aus einer westlichen Perspektive entstanden.
→ Ferner Osten / Mittlerer Osten / Orient
Vorderasien
konkreter: ***Ägypten; Israel; Türkei; ...***

Naturreligion ······ ... markiert eine Religion als rückständig. → Naturvolk
ethnische Religion; Minderheitenglaube
konkreter: ***Bwiti-Religion; Candomblé-Religion; Peyote-Religion***

Naturvolk ······ ... beruht auf der kolonialzeitlichen Unterscheidung zwischen Naturvölkern und Kulturvölkern. Naturvölker wurden als minderentwickelt bewertet, Kultur mit Industrialisierung und Fortschritt gleichgesetzt.
Ethnie; Indigene; Volk; indigenes Volk

Okzident
... ist das Gegenstück zu → Orient. → Abendland
westliche Welt

Orient
Orientalismus ist eine westlich geprägte Sichtweise auf östliche Kulturen, in der der Osten oft stereotyp, exotisch, primitiv und rückständig gegenüber dem Westen dargestellt wird.
konkreter: *Algerien; Jordanien; Sudan; Türkei; ...*

orientalische Person
→ Orient
konkreter: *ägyptische/iranische/syrische Person*

schokoladenfarbene Haut
→ karamellfarbene Haut
dunkelbrauner Hautton

Schwarzafrika
Afrika südlich der Sahara; Subsahara-Afrika
konkreter: *Kenia; Nigeria; ...*

Schwarzafrikaner/ Schwarzafrikanerin
... ist eine kolonialistische Markierung Schwarzer Menschen aus Ländern südlich der Sahara.
konkreter: *Malier/Malierin; Nigerianer/Nigerianerin; ...*

Schwarzer Peter; jemandem den Schwarzen Peter zuschieben/zuspielen
Die ungewünschte Einzelkarte in einem Quartett wurde ab der Kolonialzeit mit einer überzeichnet stereotypen Darstellung eines Schwarzen Menschen versehen.
Sündenbock; Verantwortlicher/Verantwortliche; verantwortlich machen / die Verantwortung für etwas zuschieben

Schwarzfahren
Illegale Aktivitäten, die als *schwarz* bezeichnet werden, weil sie heimlich (im Dunkeln) stattfanden, werden heute negativ mit Abwertung und Rassismuserfahrung verbunden.
Fahren ohne gültige Fahrkarte

Schwarzmarkt
illegaler Handelsplatz
→ Schwarzfahren

Stamm
... ist eine aus dem kolonialen Kontext entstandene pauschale Bezeichnung verschiedener afrikanischer Gruppen.
Volksgruppe; Ethnie
konkreter: *Nama in Namibia und Südafrika; Sioux; San*

türken
... wird negativ mit der türkischen Nationalität in Zusammenhang gebracht
fälschen, fingieren

Ureinwohner/ Ureinwohnerin
→ Naturvolk
indigene Bevölkerung

WICHTIGSTE SELBSTBEZEICHNUNGEN

Überlegen Sie immer, wann es wirklich notwendig ist, eine (Selbst-)Bezeichnung zu nutzen und was Sie damit aussagen wollen. Bedenken Sie, dass auch manche Selbstbezeichnungen nicht von allen Menschen gewünschte Bezeichnungen sind. Berücksichtigen Sie den Wunsch einer oder mehrerer Personen der jeweiligen Gruppe, wie sie bezeichnet werden möchten.

- ***Schwarze, Schwarze Menschen***

  Schwarz ist eine Selbstbezeichnung vieler Menschen, die negative Rassismuserfahrungen in einer weiß dominierten Gesellschaft machen.

  Verwirrend kann sein, dass einerseits betont wird, dass die Bezeichnung unabhängig vom Hautton und ausschließlich eine politische Selbstbezeichnung darstellt, während andererseits betont wird, dass es eine afrikanische oder afro-diasporische Herkunft bezeichnet, die häufig gedanklich mit Merkmalen wie einem dunklen Hautton und bestimmten Haarstrukturen und Haarfarben verknüpft wird. Nutzen Sie diese Vereinfachung: Wenn Sie die gewünschte Selbstbezeichnung nicht kennen und es aufgrund einer politischen oder gesellschaftlichen Diskussion wichtig ist, über Rassismuserfahrungen zu schreiben, und Sie eine afrikanische oder afro-diasporische Herkunft vermuten, nehmen Sie für den Moment an, dass *Schwarz* die bestmögliche Bezeichnung ist. Schwarz wird in diesem Buch und von einer Menge Schwarzer Menschen auch im adjektivischen Gebrauch großgeschrieben, da es eine politische Markierung eines Widerstandes gegen Fremdbezeichnungen ist. Sie können ***Schwarze*** und ***Schwarze Menschen*** nutzen.

  Weiß ist demgegenüber die gesellschaftspolitische Markierung für Menschen, die keine negativen Rassismuserfahrungen machen. Die Schreibweise in Texten, die sich mit dieser Thematik auseinandersetzen, ist manchmal kursiv. Sie können ***Weiße*** und ***weiße Menschen*** nutzen. In der Annahme als Norm – Team Normal – wird diese Benennung oftmals ausgelassen und ist meistens keine Selbstbezeichnung.

- ***PoC, Person of Color, People of Color, BIPoC***
  PoC ist die Abkürzung für *Person of Color* und im Plural *People of Color, BIPoC* für *Black Indigenous Person of Color*. Alle sind Selbstbezeichnungen und politische Begriffe, die Rassismuserfahrung markieren. Sie sind zudem Sammelbegriffe.

WEITERFÜHRENDE INFORMATIONEN

Podcasts

- Feuer und Brot: »Alice und Maxi besprechen in lockerer Atmosphäre gesellschaftlich relevante, popkulturelle und persönliche Themen.«
- Halbe Katoffl: »Der-Halbe-Katoffl-Podcast ist eine Gesprächsreihe mit Deutschen, die nichtdeutsche Wurzeln haben.«
- Reden wir! 20 Stimmen zu Rassismus: »Der von der Fachstelle für Rassismusbekämpfung lancierte Podcast bietet in zehn Episoden Expert*innenaustausch zu Herausforderungen der Rassismusbekämpfung.«

Wichtige Stimmen

- Mohamed Amjahid setzt sich journalistisch mit Rassismus auseinander.
- Josephine Apraku schreibt über Rassismus und soziale Ungerechtigkeit.
- Susan Arndt klärt über rassistische Begriffe auf.
- Ferda Ataman thematisiert in ihren Büchern strukturellen Rassismus und Gastarbeit.
- Maisha-Maureen Auma setzt sich mit ungleich verteilter sozialer Macht, Privilegen und Teilhabehindernissen auseinander.
- Florence Brokowski-Shekete schreibt autobiografisch über Zugehörigkeit und Identität und geht in den Dialog mit Schwarzen Deutschen.
- Louise Derman-Sparks und Patricia G. Ramsey schreiben zum Konzept der Anti-Bias-Arbeit.
- Aladin El-Mafaalani erklärt, wie es zu Rassismus gekommen ist, und befasst sich mit Bildungszugängen.
- Reni Eddo-Lodge schreibt schwerpunktmäßig über Feminismus und Rassismus.

- Karim Fereidooni klärt über Rassismuskritik in pädagogischen Institutionen und zu Diversiätssensibilität in der Lehramtsausbildung auf.
- Alice Hasters veranschaulicht Alltagsrassismus.
- Natasha A. Kelly informiert über strukturellen Rassismus und berichtet über Schwarzen Feminismus in Deutschland.
- Grada Kilomba veröffentlicht zu Erinnerung, Trauma, Geschlecht, alltäglichen Rassismus und Postkolonialismus.
- Tupoka Ogette vermittelt Rassismuskritik und Antirassismus.
- Noah Sow stellt deutschen Alltagsrassismus dar.

Websites

- Neue Deutsche Medienmacher*innen – NdM: https://glossar.neuemedien-macher.de/
- Initiative Schwarzer Menschen in Deutschland: www.isdonline.de
- Nationaler Diskriminierungs- und Rassismusmonitor: www.rassismusmonitor.de
- Amadeu Antonio Stiftung: www.amadeu-antonio-stiftung.de

Religion und Weltanschauung

HINTERGRUND

Dass Religionen ein Reizthema mit großer Gefahr von Diskriminierung darstellen, zeigt sich in den letzten Jahren beispielhaft am Stichwort *Kopftuchverbot*. Durch das Neutralitätsgesetz steht immer wieder in der Diskussion, welche sichtbaren Zeichen einer Religionszugehörigkeit zum Beispiel in Schulen erlaubt sind – so auch das Kopftuch bei Frauen als Zeichen islamischer Religionszugehörigkeit. Ganz abgesehen von Kleidungsstücken und Schmuck gibt es Diskriminierungen aufgrund von Religion und Weltanschauung ansonsten eher in der gesprochenen Sprache. Das Themenfeld Diskriminierung aufgrund von Religion ist eng mit dem Bereich Rassismus verknüpft, da Diskriminierungen oft mit Vorstellungen von Fremdheit verbunden werden. Es lohnt sich im Zweifel, die Reflexionsfragen und Schlüsselprinzipien aus dem Unterkapitel **Nationalität, ethnische Herkunft und Rassismus** (S. 38) hinzuzunehmen.

Weltanschauung

Weltanschauung ist die bestimmte Betrachtungsweise einer Person auf die Welt, die Natur und die Stellung der Menschen in der Welt.

Fallbeispiel: *Islamismus*

Islamismus ist eine fundamentalistische Form einer politischen Ideologie. Der Islamismus beruft sich auf den Islam, wird aber allzu oft mit der Religion Islam verwechselt. Menschen islamischen Glaubens werden dadurch ungerechtfertigt radikale Tendenzen zugeschrieben – allein aufgrund ihres vermeintlich fremden Aussehens oder Namens, egal ob sie der islamischen Religion angehören oder nicht.

REFLEXIONSFRAGEN

- Ist die erwähnte religiöse oder weltanschauliche Zugehörigkeit einer Person für den Kontext relevant?
- Verzichten Sie darauf, Religionen und Weltanschauungen zu exotisieren, zu mystifizieren und Personen aufgrund ihrer Religion oder Weltanschauung zu stereotypisieren oder zu karikieren?

- Haben Sie darauf geachtet, alle Religionen und Weltanschauungen gleichwertig darzustellen? Wird also keine als besser oder moderner präsentiert?
- Sind alle religiösen oder weltanschaulichen Begriffe, Namen und Titel korrekt und in ihrem entsprechenden Kontext verwendet?
- Haben Sie darauf geachtet, nicht nur negative Aspekte oder Konflikte in Bezug auf Religionen oder Weltanschauungen zu betonen, sondern ebenso positive Aspekte hervorzuheben?
- Ist in Ihrer Darstellung berücksichtigt, dass religiöse oder weltanschauliche Gruppen oft eine große interne Vielfalt aufweisen? Es gibt konservative, moderne und reformbestrebte Strömungen.

SCHLÜSSELPRINZIPIEN

- Vermeiden Sie Annahmen über eine Person, die auf sichtbare religiöse Zeichen oder Ihrem Wissen über eine Religionszugehörigkeit basieren.
- Religiöse und weltanschauliche Überzeugungen einer Person korrelieren nicht unbedingt mit ihrer Herkunft, ihrem Geburtsland oder den Überzeugungen der Familie, des Elternhauses oder der Art, wie ein Mensch aufgewachsen ist.
- Vermeiden Sie, Religion und Weltanschauung mit Fremdheit zu verknüpfen.
- Vermeiden Sie Wertungen verschiedener weltanschaulicher oder religiöser Zugehörigkeiten.
- Berücksichtigen Sie in Ihrer Kommunikation verschiedene religiöse Feste, wenn es kontextuell passt.
- Bedenken Sie, dass religiöse Praktiken und Überzeugungen eng mit der Persönlichkeit eines Menschen verknüpft und daher von großer persönlicher Bedeutung sein können.
- Denken Sie daran, dass es innerhalb jeder Religion eine Vielzahl unterschiedlicher Überzeugungen und Praktiken gibt und vermeiden Sie daher Pauschalisierungen.

TYPISCHE FALLEN UND ALTERNATIVEN

Ausgrenzende Formulierungen werten meistens nichtchristliche Glaubensrichtungen ab. Die Beispiele in der Liste und die Erläuterungen dienen dem Perspektivwechsel. Sie sind ergänzt durch alternative Formulierungsvorschläge:

nicht immer neutrale Ausdrücke	Perspektiven und Alternativen
gottlos	... wird oft verwendet für gottesgläubige Menschen, die nicht an einen christlichen Gott glauben. *atheistisch* konkreter: *hinduistisch; muslimisch; ...*
Heide/Heidin	... ist veraltet, abwertend und eine christliche Perspektive. *Nichtchrist/Nichtchristin; Religionsloser/Religionslose; Ungetaufter/Ungetaufte*
Islamismus	... ist nicht mit der Religion Islam zu verwechseln, sondern bezeichnet islamischen Fundamentalismus.
Mauschelei; mauscheln	... ist spöttisch für jüdische Handelstreibende oder Handel von sowie zwischen jüdischen Personen und eng mit antisemitischen Vorstellungen verbunden. *betrügen; täuschen*
Mischpoke	Das jiddische Lehnwort bedeutet ursprünglich ›Familie‹/›Verwandtschaft‹ und wird antisemitisch abwertend gebraucht. *Gruppe von unangenehmen Leuten; üble Gesellschaft*
schachern	... ist mit antisemitischen Vorstellungen verknüpft. *herunterhandeln; handeln; um eine Position kämpfen*

WEITERFÜHRENDE INFORMATIONEN

Zum Weiterlesen

- Ronen Steinke: »Antisemitismus in der Sprache: Warum es auf die Wortwahl ankommt« (2022).
- Rainer Geißler, Horst Pöttker (Herausgeber): »Massenmedien und die Integration ethnischer Minderheiten in Deutschland« (2015).

Geschlecht und Geschlechtsidentität

HINTERGRUND

Spätestens bei dem Ausdruck *geschlechtliche Identität* steigen viele Menschen aus der ohnehin schon hitzigen Genderdebatte aus. Dabei ist es eigentlich nicht kompliziert: Wir haben im Deutschen die Herausforderung, dass unter dem Sammelbegriff *Geschlecht* sowohl körperliche Merkmale als auch die geschlechtliche Identität und der nach außen gezeigte Geschlechtsausdruck zusammengefasst werden und dann kommt noch das grammatische Geschlecht dazu, durch welches *der Paul* als *die Person* bezeichnet werden kann.

Eine Diskriminierung aufgrund des Geschlechts oder der geschlechtlichen Identität ist demnach eine ungerechte Behandlung oder Ablehnung von Personen aufgrund der Bereiche biologisches Geschlecht, Geschlechtsidentität und Geschlechtsausdruck.

Genderbread-Person

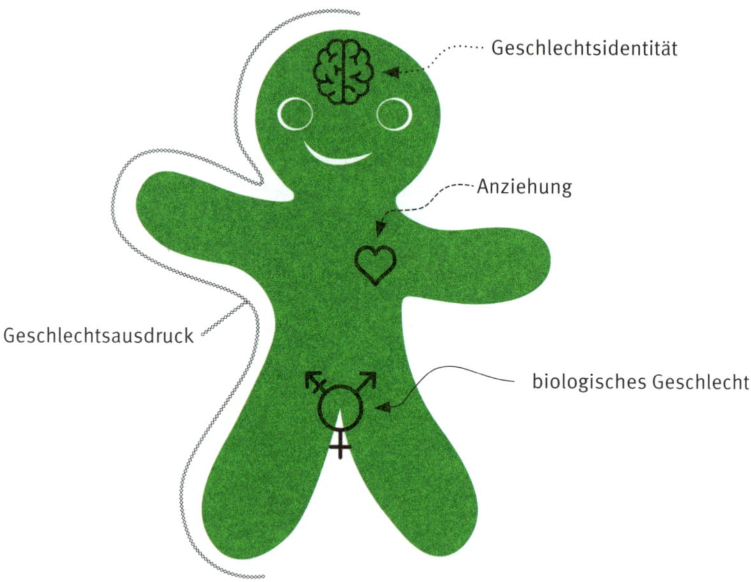

nach: Sam Killermann uncopyrighted 2017, www.samkillermann.com/work/genderbread-person/

BIOLOGISCHES GESCHLECHT

Das biologische Geschlecht (englisch: *sex*) ist eine auf körperlichen Merkmalen basierende Kategorie. Es wird bei einem Neugeborenen durch Begutachtung der Geschlechtsmerkmale festgelegt.

Im Deutschen legt hier das Adjektiv *biologisch* eine Natürlichkeit der Zweiteilung in weiblich und männlich nahe, jedoch ist die Realität weitaus komplexer. Es gibt Menschen, deren biologisches Geschlecht nicht eindeutig weiblich oder männlich ist.

GESCHLECHTSIDENTITÄT, GESCHLECHTLICHE IDENTITÄT

Die Geschlechtsidentität, auch geschlechtliche Identität, bezeichnet das persönliche Gefühl und Wissen einer Person, zu welchem Geschlecht sie sich zugehörig fühlt. Es ist eine Wahrnehmung vom eigenen Geschlecht, die mit dem bei der Geburt zugewiesenen Geschlecht übereinstimmen kann, aber nicht muss. Die Geschlechtsidentität ist unabhängig von körperlichen Merkmalen und des gesellschaftlich vermuteten Geschlechts. Sie kann weiblich, männlich, eine Kombination von beiden oder keines von beiden sein. Jede Person hat eine individuelle Geschlechtsidentität, die meist im Kindesalter wahrgenommen wird. Hier ist eine Auswahl an Geschlechtsidentitäten aufgelistet:

Geschlechtsidentität	Erklärung
agender	Die eigene Geschlechtsidentität kann sein, kein Geschlecht zu haben. Dieses Gefühl wird mit ***agender*** oder ***genderless*** beschrieben.
cisgender	***Cisgender, cisgeschlechtlich*** oder kurz ***cis*** beschreibt Menschen, deren Geschlechtsidentität mit dem bei der Geburt zugewiesenen Geschlecht übereinstimmt. In der Annahme als Team Normal bleibt diese Geschlechtsidentität oft unerwähnt.
enby	→ **non-binary**
genderless	→ **agender**
genderqueer	... ist ein Oberbegriff für alle Geschlechtsidentitäten, die nicht den traditionellen Geschlechtsnormen entsprechen.

intergender .... Als ***intergender, intergeschlechtlich*** oder kurz ***inter*** werden Menschen beschrieben, deren Geschlecht weder eindeutig weiblich noch männlich kategorisiert wird.

non-binary .... ***Non-binary*** – auch ***nb, enby*** – bezeichnet eine Geschlechtsidentität außerhalb der zweiteiligen Kategorisierung von weiblich und männlich, auch ***nichtbinär***.

transgender .... ***Transgender, transgeschlechtlich, transident*** oder kurz ***trans*** beschreibt Menschen, deren Geschlechtsidentität nicht mit dem bei der Geburt zugewiesenen Geschlecht übereinstimmt. Eine *trans* Frau ist beispielsweise eine Frau, der bei der Geburt das Geschlecht »männlich« zugeschrieben wurde.

Bei allen Menschen zeigt sich erst mit dem Heranwachsen die Geschlechtsidentität. So können Menschen sich innerhalb des zweiteiligen Systems von Frauen und Männern befinden, dazwischen und außerhalb. Der einfachste Umgang ist: Die von der Person für sich benannte Geschlechtsidentität ist maßgeblich.

Trans* und ***inter**** werden den beiden größten trans* Verbänden folgend mit * geschrieben. Die Erklärung der Deutschen Gesellschaft für Transidentität und Intersexualität e.V. lautet: Das Gendersternchen dient als Platzhalter für verschiedene Selbstbezeichnungen wie ***(trans)-geschlechtlich, -gender, -sexuell, -ident***. Dadurch werden alle Selbstbezeichnungen wertgeschätzt, aber nur der gemeinsame vordere Wortteil als Gruppenbezeichnung für trans* Menschen benutzt.

GESCHLECHTSAUSDRUCK

Der Geschlechtsausdruck bezeichnet die Darstellung des Geschlechts nach außen, zum Beispiel durch Aussehen, Kleidung, Frisur oder Verhalten. Der Geschlechtsausdruck ist von Person zu Person unterschiedlich und kann, muss aber nicht mit biologischem Geschlecht oder der Geschlechtsidentität übereinstimmen. Außerdem kann er kulturell bedingt variieren.

Zum Beispiel kann jemandem das biologische Geschlecht männlich zugeordnet sein (was nichts über die selbst empfundene Geschlechtsidentität aussagt) und diese Person kann Kleidung im kulturell maskulinen oder femininen Stil tragen. Der Geschlechtsausdruck kann eine bewusste Entscheidung, aber auch unbewusst beeinflusst sein. Er ist wandelbar und kein endgültiges Merkmal.

Pronomen

Pronomen zeigen an, wie eine Person sich identifiziert und vor allen, wie sie sprachlich repräsentiert werden möchte. Nicht immer sind die Pronomen mit dem biologischen Geschlecht verknüpft. Neben den traditionellen Personalpronomen *sie* und *er* bevorzugen Menschen beispielsweise neutrale Pronomen wie ***si*er*** oder ***xier***. Das Englische ***they*** oder das schwedische ***hen*** werden auch hin und wieder im Deutschen genutzt und gelegentlich möchten Personen nur mit dem Vornamen oder dem Vor- und Nachnamen angesprochen werden, ganz ohne Pronomen. Als Teil der Selbstidentifikation ist es ein Respektsbeweis, wenn Sie das gewählte Pronomen einer Person verwenden. Damit Ihr Gegenüber Ihre Pronomen leicht erkennen kann, können Sie diese in Ihrer E-Mail-Signatur anbieten, indem sie beispielsweise hinter Ihren Namen in Klammern ***sie/ihr*** schreiben. So weiß Ihr Gegenüber sofort, wie Sie angesprochen werden möchten und mit welchem Pronomen über Sie gesprochen werden soll.

⇨ Weiterdenken: *Soziales/Kulturelles Geschlecht*

Die Ausdrücke soziales und kulturelles Geschlecht beziehen sich auf die Rollen, Verhaltensweisen und Erwartungen, die eine Gesellschaft Männern und Frauen zuordnet. Beispielsweise sind Konzepte wie Stärke, Rationalität und Führung eher für Männer vorgesehen, während Konzepte wie Fürsorge, Emotionalität und Unterstützung eher Frauen zugeordnet werden. Diese gesellschaftlichen Erwartungshaltungen betreffen alle Menschen, auch wenn das System auf der binären Einteilung in Frauen und Männer basiert. Bevorzugt werden dadurch traditionell vor allem cis Männer.

REFLEXIONSFRAGEN

- Haben Sie die Geschlechtsidentität beziehungsweise das Geschlecht einer Person nur dann erwähnt, wenn sie/es für den Kontext relevant ist?
- Haben Sie die Selbstbezeichnungen und Pronomen der jeweiligen Personen berücksichtigt, anstatt das Geschlecht auf Ihren Vorstellungen basierend anzunehmen?

- Haben Sie veraltete oder stereotype Darstellungen von Geschlechtern und Geschlechterrollen vermieden? Haben Sie zum Beispiel Frauen in Führungspositionen gezeigt oder Männer bei Tätigkeiten im Haushalt?
- Haben Sie sich bemüht, wo sinnvoll, eine Sprache zu verwenden, die Menschen des gesamten Geschlechtsspektrums inkludiert?
- Würde ein sich nicht eindeutig als Mann oder Frau identifizierender Mensch das Gefühl haben, im Text repräsentiert zu sein?
- Haben Sie geschlechtsspezifische Titel, Berufsbezeichnungen oder Rollen durch geschlechtsneutrale ersetzt, sofern Sie die gewünschte Formulierung nicht kennen?

SCHLÜSSELPRINZIPIEN

- Bedenken Sie, dass biologisches Geschlecht, kulturelles Geschlecht, Geschlechtsausdruck und Befähigungen für bestimmte Tätigkeiten, Stärken und Vorlieben nichts miteinander zu tun haben müssen.
- Vermeiden Sie stereotype Rollenbilder oder Klischees, die auf Geschlecht oder Geschlechtsidentität basieren.
- Sehen Sie davon ab, auf Grundlage von Namen, Kleidung, Aussehen oder Stimme Schlüsse auf das Geschlecht oder die Geschlechtsidentität einer Person zu ziehen. Fragen Sie nach, wie die Person sich selbst bezeichnet oder benannt werden möchte, sofern Sie dies zum Beispiel nicht aus der E-Mail-Signatur entnehmen können.
- Beachten Sie in Ihren Texten alle Geschlechtsidentitäten und stellen Sie sie gleichwertig dar. Verwenden Sie eine geschlechtsneutrale Sprache.
- Veröffentlichen Sie keine Details über die Geschlechtsidentität einer Person ohne ihre Zustimmung. Es kann sein, dass Sie ansonsten die Person als genderqueer outen.

TYPISCHE FALLEN UND ALTERNATIVEN

Wann immer etwas nur für eine Gruppe, entweder Männer oder Frauen, vorgesehen ist, droht Diskriminierung aufgrund des Geschlechts oder der Geschlechtsidentität. Häufig gibt es die Ausrede, dass die jeweilige Gruppe nun mal so sei. Dass es sich oft um historisch gewachsene soziale Konstrukte handelt, die Gruppen von Menschen benachteiligen, wird durch solche Äußerungen heruntergespielt.

Viele der hier aufgelisteten Wörter enthalten veraltete Rollenbilder – die Frau ist fürsorglich und kümmert sich um Haushalt, Kinder und Soziales, der Mann sichert das Einkommen und erledigt Arbeiten mit Kraftbedarf. Beiden Seiten werden die jeweils anderen Kompetenzen abgesprochen. Die meisten Privilegien haben in diesem zweigeteilten Gerüst cis Männer, Diskriminierungserfahrungen machen überwiegend Frauen und genderqueere Menschen. Die Folgen sind beispielsweise bessere Bezahlung, bessere Arbeitsbedingungen und weniger unbezahlte Carearbeit für cis Männer.

Es gibt Menschen, die sich selbst mit möglicherweise diskriminierenden Bezeichnungen benennen, oft auch aus einer Eigenermächtigung heraus. Sie sollten jedoch versuchen, diese nicht zu reproduzieren. Die Erläuterungen und Formulierungsvorschläge dienen dem Perspektivwechsel.

nicht immer neutrale Ausdrücke	Perspektiven und Alternativen
das schöne Geschlecht	... basiert auf altem Rollenbild, das den Wert von Frauen an ihrem Aussehen anstatt an ihren Kompetenzen misst. ***Frauen***
das schwache Geschlecht	... basiert auf altem Rollenbild, das Frauen als schwach betrachtet. ***Frauen***
das starke Geschlecht	... basiert auf altem Rollenbild, das Männer als körperlich und emotional stark betrachtet. ***Männer***
Dramaqueen	... ist eine weibliche Bezeichnung, die ein negatives Frauenbild vermittelt, und wenn Männer so bezeichnet werden, diese als nicht männlich darstellt. ***theatralischer Mensch; dramatisierender Mensch; aufmerksamkeitsheischende Person***
Familienvater	... ist eine männliche Bezeichnung, die positiv hervorhebt, wenn Männer mit ihren Kindern leben und Verantwortung übernehmen. *Familienmutter* ist kein übliches Wort, weil es nicht erwähnenswert scheint, dass eine Frau fürsorglich für ihre Kinder da ist. ***fürsorglicher Vater***

Frauenauto ········· Ein Auto ist ein technisches Gerät, für dessen Verwendung das Geschlecht unerheblich ist.
Auto; Kleinwagen; Dreitürer

Frauenversteher ········· ... suggeriert, dass Frauen so kompliziert seien, dass es herausragende Fähigkeiten bräuchte, sich in sie einzufühlen.
empathischer Mensch

Geschlechtsumwandlung ········· Biologische Geschlechtsmerkmale werden an die Geschlechtsidentität angeglichen. Annahmen über angleichende Operationen und das Fragen danach sind übergriffig.
Geschlechtsangleichung

Hexe ········· Es gibt keinen ähnlich genutzten Begriff in der aktuellen Zeit für andere Geschlechter als Frauen. *Der alte Hexer* ist keine gängige Beleidigung, *die alte Hexe* allerdings schon.
Person mit Zauberkräften; bösartiger Mensch

Karrierefrau ········· ... hebt die beruflichen Ambitionen einer Frau als Ausnahme hervor und verfestigt so alte Rollenbilder.
beruflich ehrgeizige/erfolgreiche Frau

Krankenschwester ········· ... ist eine weibliche Berufsbezeichnung, die dem alten Rollenbild der dienenden, unterstützenden Frau entspricht, ist jedoch oft auch eine gewünschte Selbstbezeichnung.
Krankenpflegerin

Mädchen für alles ········· ... suggeriert, dass unwichtige und lästige Aufgaben von Frauen zu erledigen wären.
Hilfskraft für alles

Männerjob ········· ... betont die Idee, dass manche Jobs nur von Männern erledigt werden können, und unterstützt das alte Rollenbild körperlich starker Männer.
körperlich anstrengender/fordernder Job

Männerwirtschaft ········· ... betont eine Unzulänglichkeit von Männern bezüglich der Haushaltsführung und bedient dadurch ein altes Rollenbild.
schlecht geführter Haushalt

Mannschaft ········· ... enthält eine implizite Geschlechtshierarchie.
Team

Milchmädchenrechnung ... spricht Mädchen und Frauen mathematische Fähigkeiten und logisches Denken ab.
naiv berechnet; Trugschluss; Irrtum

Mutterinstinkt ... bedient ein altes Rollenbild.
Verständnis fürsorglicher Eltern

Powerfrau ... hebt die Fähigkeiten einer Frau als Ausnahme hervor und verfestigt so das alte Rollenbild.
energiegeladene, engagierte Frau

seinen Mann stehen ... basiert auf altem Rollenbild, das ausschließlich Männer in die Verantwortung nimmt.
alle Erwartungen erfüllen; einer Erwartungshaltung gerecht werden; den Job erledigen; sich bewähren

Umoperierung → Geschlechtsumwandlung
geschlechtsangleichende Operation

SCHNELLEINSTIEG GENDERN

Geschlechtergerechte Sprache ist inklusiver, mehr Menschen fühlen sich angesprochen und Sie setzen sich für Gerechtigkeit ein. Es gibt aber auch Nachteile: Gendern ist mit Arbeit verbunden, weil bisherige Muster hinterfragt werden und Sie nach kreativen neuen Formulierungen Ausschau halten müssen. Auch ist es grammatisch nicht immer leicht umzusetzen. Etwas Übung führt hier aber schnell zum Ziel und die Möglichkeiten sind vielfältig. Nutzen Sie gerne Ihre Kreativität und finden Sie ansprechende Formulierungen oder alternative Wörter. Einige Beispiele öffnen Ihnen den Weg:

- Verwenden Sie möglichst neutrale Formulierungen, wenn Sie alle Geschlechter ansprechen möchten.
- Das Gendersternchen ist zwar nicht als Norm anerkannt, verbreitet sich in der Schreibpraxis aber zunehmend.
- Nutzen Sie alternativ abwechselnd die weibliche und männliche Form oder Doppelnennungen, falls Sie keine passenden neutralen Formulierungen finden.

Neutrale Formulierungen:
Im Supermarkt arbeiten 15 Menschen an den Kassen.
Die Studierenden trugen sich in die Anwesenheitsliste ein.

Doppelnennung:
Im Supermarkt arbeiten 15 Kassiererinnen und Kassierer.
Die Studentinnen und Studenten trugen sich in die Anwesenheitsliste ein.

Abwechselnde Nennung:
Alle Angestellten waren dabei: Pfleger, Ärztinnen, Therapeuten, Geburtshelferinnen und Verwaltungsassistenten

Gendersternchen:
*Im Supermarkt arbeiten 15 Kassierer*innen.*
*Die Student*innen trugen sich in die Teilnehmer*innenliste ein.*

WEITERFÜHRENDE INFORMATIONEN

Podcasts

- Feminismus für alle. Der Lila Podcast: »Alle zwei Wochen kommt das Weltgeschehen in die feministische Mangel: Was passiert da gerade? Geht das noch besser? Oder kann das weg?«
- Die Alltagsfeministinnen: »Es gibt praktische Tipps, Tricks und Lösungsideen für den Alltag.«
- Ach, papperlapapp!: »Marie und Juli sind auf der Suche nach Toleranz und Gleichberechtigung. Es gibt echte Lebensgeschichten aus der LGBTQ+-Community. Die beiden diskutieren über den Alltag und ihre Erfahrungen.«
- Willkommen im Club – der queere Podcast von PULS: »Gemeinsam mit euch entdecken Kathi und Julian, die eine lesbisch, der andere schwul, die wunderbare Welt der ›Alle-Buchstaben-Community‹.«
- Busenfreundin: »Busenfreundin von Ricarda Hofmann, ist die Queer Cruise unter den Podcast-Flotten. Sie legt jede Woche gemeinsam mit spannenden Gäst:innen ab und bringt euch sicher ans andere Ufer.«

Zum Weiterlesen

- Patricia Cammarata: »Raus aus der Mental Load Falle« (2020).
- Hilke Elsen: »Gender – Sprache – Stereotype« (2020).
- Dahphna Joel: »Das Gehirn hat kein Geschlecht« (2021).
- Chimamanda Ngozi Adichie: »Mehr Feminismus!« (2016).
- Reyhan Şahin aka Dr. Bitch-Ray: »Yalla, Feminismus!« (2019).
- Margarete Stokowski: »Untenrum frei« (2018).
- Alexandra Zykunov: »Wir sind doch längst gleichberechtigt« (2022).

Websites

- Liebesleben, Initiative zu Förderung sexueller Gesundheit der BZgA: www.liebesleben.de
- Der Verein Queer Lexikon e. V. erklärt queere Begriffe und ist Anlaufstelle für weiterführende Fragen: https://queer-lexikon.net/
- Deutsche Gesellschaft für Transidentität und Intersexualität e. V. (dgti): https://dgti.org/
- Bundesverband Trans* e. V.: https://www.bundesverband-trans.de/
- Genderbread-Person: https://www.samkillermann.com/work/genderbread-person/
- Geschickt gendern: https://geschicktgendern.de/
- Genderglossar mit wissenschaftlichen Beschreibungen verschiedener Begriffe: https://www.gender-glossar.de/glossar
- Werbemelder*in ist eine von Pinkstinks initiierte Plattform, bei der sexistische Werbung gemeldet werden kann: https://werbemelder.in/
- Der Verein »Intergeschlechtliche Menschen e. V.« liefert Wissen, Beratung und Selbsthilfe: https://im-ev.de/

Sexuelle Orientierung

HINTERGRUND

Das vorige Unterkapitel zu Geschlecht und Geschlechtsidentität legt den Fokus auf die Frage des persönlichen »Ich bin ...«. Der Ausdruck *sexuelle Orientierung* dieses Unterkapitels widmet sich der Frage des persönlichen »Ich fühle mich hingezogen zu ...«. Auch hier entstehen leicht Missverständnisse, da eine sexuelle Anziehung und eine romantische Anziehung unter dem Begriff sexuelle Orientierung zusammengefasst werden. Und es gibt viele Möglichkeiten, die eigene sexuelle Orientierung zu beschreiben. Die aktuell gängigsten Begriffe sind:

Sexuelle Orientierung	Erklärung
aromantisch	Eine aromantische Person fühlt sich nicht oder wenig von anderen Menschen romantisch angezogen und hat kein Bedürfnis nach romantischen Beziehungen.
asexuell	Eine asexuelle Person fühlt sich nicht oder wenig von anderen sexuell angezogen. Das Bedürfnis nach sexueller Interaktion kann teilweise oder vollständig fehlen.
bi+sexuell	Bi+sexuelle Personen verspüren eine romantische und/oder sexuelle Zuneigung zu mindestens zwei Geschlechtern. Die Anziehung zu den verschiedenen Geschlechtern muss nicht gleich stark sein. Das + in bi+sexuell steht für eine breite Palette an Definitionen und unterstreicht, dass bi+sexuelle Menschen Anziehung zu Individuen vieler oder aller Geschlechter erleben können. Bi+sexuell wird als Oberbegriff verwendet für bisexuell, → **multisexuell,** → **omnisexuell,** → **pansexuell** und → **polysexuell**.
heteronormativ	Heteronormativ ist ein gesellschaftliches Konstrukt, in dem Beziehungen zwischen cisgeschlechtlichen Frauen und Männern als natürlich angesehen und bevorzugt werden.
heterosexuell	... sind Frauen, die Männer lieben, und Männer, die Frauen lieben. Heterosexuelle Personen fühlen sich sexuell und/oder romantisch zu Menschen des »anderen« Geschlechts hingezogen. In der Annahme als Norm bleibt diese sexuelle Orientierung oft unerwähnt.

homosexuell .... Homosexuelle Personen empfinden sexuelle und/oder romantische Anziehung für das eigene Geschlecht. → **lesbisch**, → **schwul**

lesbisch .... sind Frauen, die Frauen lieben.

multisexuell .... Eine multisexuelle Person fühlt sich von Menschen vieler, aber nicht aller Geschlechter angezogen.

omnisexuell .... Eine omnisexuelle Person fühlt sich von Menschen aller Geschlechtsidentitäten angezogen.

pansexuell .... → **omnisexuell**

polysexuell .... → **multisexuell**

queer .... ist ein Sammelbegriff für nichtheterosexuelle Orientierungen.

schwul .... sind Männer, die Männer lieben.

Es gibt viele weitere Möglichkeiten zur Beschreibung der eigenen sexuellen Orientierung und es finden viele Dialoge dazu statt. Der Austausch zur Wahrnehmung diverser sexueller Orientierungen bringt neue Wörter und Konzepte hervor und wir dürfen gespannt sein, welche neuen Begriffe daraus entstehen.

REFLEXIONSFRAGEN

- Haben Sie die sexuelle Orientierung einer Person nur dann erwähnt, wenn sie für den Kontext relevant ist?
- Haben Sie Stereotype oder Vorurteile bezüglich sexueller Orientierungen vermieden?
- Würde eine sich als queer identifizierende Person das Gefühl haben, im Text repräsentiert zu sein?
- Haben Sie in Ihren Texten, wenn es um Liebesbeziehungen geht, eine gleichberechtigte und respektvolle Darstellung über das gesamte Spektrum sexueller Orientierungen hinweg gewährleistet?

SCHLÜSSELPRINZIPIEN

- Vermeiden Sie Annahmen über die sexuelle Orientierung einer Person aufgrund von Name, Kleidung, Aussehen, Stimme oder Verhalten.
- Bedenken Sie, dass die sexuelle Orientierung nichts mit einer Befähigung für bestimmte Tätigkeiten, Stärken und nichtsexuelle Vorlieben zu tun hat.
- Stellen Sie sicher, dass Ihre Texte sexuelle Orientierungen gleichwertig darstellen. Verwenden Sie inklusive Sprache und vermeiden Sie heteronormative Annahmen.
- Vermeiden Sie stereotype Rollenbilder oder Klischees zu sexuellen Orientierungen.
- Machen Sie keine Details über die sexuelle Orientierung ohne die Zustimmung der jeweiligen Person öffentlich; dies wäre möglicherweise ein Zwangsouting.

TYPISCHE FALLEN UND ALTERNATIVEN

Queere sexuelle Orientierungen werden oft als unnatürlich, klischeebehaftet oder übertrieben dargestellt. Wenn sexuelle Orientierungen in Ihren Texten eine Rolle spielen, seien Sie dafür sensibel.

nicht immer neutrale Ausdrücke	Perspektiven und Alternativen
Ehe für alle	Mit dem Begriff wird die vermeintliche Norm der heterosexuellen Ehe betont. *Ehe*
(Er ist die) Frau in der Beziehung (in Bezug auf eine schwule Partnerschaft)	Diese Wendung überträgt die Norm und das alte Rollenbild heterosexueller auf homosexuelle Beziehungen und ist daher zu vermeiden
homo	Die Kurzform für homosexuell wird oft abwertend verwendet. Es lohnt sich hier konkret zu werden. *homosexuell; lesbisch; schwul*
sexuelle Präferenz	... impliziert eine Wahlmöglichkeit. Auch wenn sich die sexuelle Orientierung eines Menschen ändern kann, ist dies nichts, worauf die Person aktiv Einfluss nehmen kann oder dies gar willentlich entscheiden kann. *sexuelle Orientierung*

WEITERFÜHRENDE INFORMATIONEN

Zum Weiterlesen

- Johannes Kram: »Ich hab ja nichts gegen Schwule, aber ... Die schrecklich nette Homophobie in der Mitte der Gesellschaft« (2023).

Websites

- Der Lesben- und Schwulenverband in Deutschland (LSVD) vertritt Belange von Lesben, Schwulen, Bisexuellen, trans- und intergeschlechtlichen Menschen (LSBTI): https://www.lsvd.de/de/
- Die Akademie Waldschlösschen ist eine queere Bildungsstätte: https://www.waldschloesschen.org/de/

Behinderung, körperliche und geistige Fähigkeiten

HINTERGRUND

Wenn Sie unsicher sind, ob *behindert* ein angemessenes Wort oder ein zu vermeidendes ist, liegt das möglicherweise daran, dass es allzu oft als Beleidigung genutzt wird. Als Team Normal wird hier beispielsweise angenommen: Alle Gliedmaßen sind vorhanden, alle Organe und Sinne funktionieren langfristig einwandfrei, das Gehirn und die Seele leisten mindestens durchschnittliche Arbeit.

Team Anders hat eine oder mehrere Behinderungen oder eben nicht durchschnittliche oder überdurchschnittliche körperliche und geistige Fähigkeiten. Was als Behinderung gilt, ist in Deutschland sogar im Sozialgesetzbuch (SGB IX, §2, 1) definiert.

behindert, Behinderung

Als Menschen mit Behinderung gelten in Deutschland alle, die über einen Zeitraum von mehr als sechs Monaten hinweg bestimmte Dinge weniger gut erledigen können als andere Menschen im gleichen Alter und die dadurch an gleichberechtigter Teilhabe behindert werden.

Im Sozialgesetzbuch werden Behinderungen unterschiedlich kategorisiert:

- körperliche Behinderungen
- seelische Behinderungen
- geistige Behinderungen
- Sinnesbeeinträchtigungen

Aufgrund der Vielzahl unterschiedlicher Behinderungen werden verschiedene Barrieren je nach Art der Beeinträchtigung ganz unterschiedlich erfahren. So kann eine blinde Person große Probleme mit im Weg herumliegenden Elektroscootern haben, während eine Treppe eine Hürde für rollstuhlnutzende Personen darstellt. Die nächste Person ist eventuell durch Lernschwierigkeiten von komplizierten Formulierungen in offiziellen Schreiben überfordert. Relevant bei allen Behinderungen sind zwei Perspektiven: der medizinische und der soziale Aspekt.

MEDIZINISCHER ASPEKT

Um beispielsweise einen Schwerbehindertenausweis zu erhalten, wird der Grad der Behinderung behördlich anhand gesundheitlicher Merkmale festgelegt. Dazu werden medizinische Gutachten benötigt.

schwerbehindert, Grad der Behinderung

Wer einen Grad der Behinderung von 50 oder höher hat, gilt als schwerbehindert. Der Grad der Behinderung gibt an, wie stark die Beeinträchtigung im Alltag ist, und ist für Nachteilsausgleiche wichtig.

Eine chronische Krankheit kann aufgrund ihrer Dauer oder Schwere zu einer Behinderung werden. Viele chronische Krankheiten und ohnehin die Mehrheit der Behinderungen sind nicht sichtbar. Menschen mit solchen Behinderungen werden mit ihren Einschränkungen häufig nicht wahr- und ernst genommen.

Andererseits sind sichtbare Behinderungen für Menschen ohne Behinderung oft automatisch verknüpft mit Krankheit, Leiden und Unsportlichkeit. Um die Denkfalle der Verknüpfung von Behinderung und Krankheit aufzulösen, hilft es, konkreter zu werden.

Fallbeispiel: *Krankheit und Behinderung*
Krankheit kann vorübergehen, was auch diese Aussage einer Freundin der Autorin deutlich macht: »Ich habe ein Bein. Das ist meine Behinderung und ich kann dadurch verschiedene Sachen nicht machen und brauche bei manchen Dingen Unterstützung. Krank bin ich, wenn ich eine Erkältung habe.«

Die Wahrnehmung von Behinderungen und die Zuschreibung von Fähigkeiten hat Schnittmengen zu Bereichen wie:

- Gesundheit
- Sportlichkeit
- Körperformen
- »gesunder« Lebensstil

SOZIALER ASPEKT

Für Menschen mit Behinderung gibt es Barrieren und es fehlen Teilhabemöglichkeiten. Dem trägt die Formulierung Rechnung, dass Menschen nicht behindert sind, sondern gesellschaftlich behindert werden. Eine inklusive Gesellschaft wirkt dem entgegen.

> *Inklusion bedeutet, dass jeder Mensch ganz natürlich dazugehört. Oder anders: Inklusion ist, wenn alle mitmachen dürfen.*
>
> Aktion Mensch

In Deutschland gelten rund 7,8 Millionen Menschen als schwerbehindert, das sind 9,4 Prozent der Bevölkerung. Zahlreiche Behinderungen sind nicht sichtbar und eine inklusive Sprache zu finden, ist aufgrund der Vielzahl unterschiedlichster Behinderungen und Barrieren anspruchsvoll. Es gibt Menschen, die von *körperlichen und geistigen Fähigkeiten* sprechen und die Wörter *Behinderungen* und *behindert* ablehnen. Demgegenüber betonen andere, dass wir, wenn wir nur auf Fähigkeiten schauen, das Problem mangelnder Teilhabemöglichkeiten auf Menschen mit Behinderungen verlagern. Der Mangel an Zugangsmöglichkeiten wird so nur zum Problem der Menschen mit Behinderung selbst. Möglichkeiten zur gleichberechtigten Teilhabe aller zu schaffen, sollte aber eine Aufgabe der gesamten Gesellschaft sein.

Da es also Selbstbezeichnungen mit sehr unterschiedlichen Konzepten gibt, ist hier besonders wichtig, die bevorzugte Formulierung zu erfragen. In diesem Text wird vorwiegend die Bezeichnung ***Mensch mit Behinderung*** gewählt, da sie sehr verbreitet ist und so auch von der Aktion Mensch verwendet wird, die sich besonders für gleichberechtigte Teilhabe einsetzt. Die Verwendung von ***behinderter Mensch*** oder ***behinderte Person*** ist ebenfalls verbreitet und akzeptiert.

barrierearm, barrierefrei

Barrierearm bedeutet, dass es einige Anpassungen und Vorkehrungen gibt, um Menschen mit Behinderungen den Zugang zu erleichtern. Zum Beispiel wäre ein Gebäude mit Rampen und Aufzügen barrierearm, aber nicht barrierefrei, wenn zum Beispiel die Stockwerke im Aufzug nicht auch in Brailleschrift und akustisch kommuniziert werden.

Barrierefrei bedeutet, dass jeder Mensch, unabhängig von seinen Fähigkeiten und Behinderungen, etwas vollumfänglich nutzen kann – seien es Gebäude, Informationen, Websites oder Dienstleistungen.

Einfache Sprache, Leichte Sprache

Einfache Sprache nutzt einen grundlegenden Wortschatz und einfache Satzstrukturen, um komplexe Themen verständlicher zu machen. Sie versucht, Fachjargon und schwierige Ausdrücke zu vermeiden, und richtet sich an Menschen mit Schwierigkeiten, komplexe Texte zu verstehen. Sie kommt auch Menschen mit Sprachbarrieren zugute.

Leichte Sprache erweitert das Prinzip der Vereinfachung und ist deutlich systematischer. Sie nutzt sehr kurze Sätze, einfache Worte und klare Strukturen mit festen Prinzipien, zum Beispiel das Vermeiden von Nebensätzen und langen Wörtern. Oft werden auch einfache Illustrationen oder Symbole eingesetzt, um den Text inhaltlich zu unterstützen. Leichte Sprache ist besonders hilfreich für Menschen mit Lese- und Lernschwierigkeiten. Es erfordert speziell geschulte Übersetzende, um einen Text in Leichte Sprache zu bringen.

Fallbeispiel: *Sprache in diesem Buch*
Die in diesem Buch verwendete Sprache drückt teils komplizierte Konzepte und verschiedene Begriffe möglichst leicht verständlich aus. Dadurch ist das Buch aber weder barrierearm noch gar barrierefrei und der Text auch nicht in einfacher oder Leichter Sprache verfasst.

REFLEXIONSFRAGEN

- Haben Sie nach der gewünschten Selbstbezeichnung gefragt und sie verwendet?
- Haben Sie den Fokus auf die Perspektiven von Menschen mit Behinderungen gelegt und sie erfragt, anstatt nur Angehörige oder medizinisches Personal zu Wort kommen zu lassen?
- Haben Sie bedacht, auf welche Herausforderungen und Barrieren die in Ihrem Text vorkommenden Menschen mit Behinderungen stoßen?
- Konzentrieren Sie sich in Ihrem Text auf die Anliegen, Projekte oder Ideen der Personen mit Behinderung statt auf die Behinderung selbst?
- Haben Sie Autonomie und Teilhabe aller Menschen hervorgehoben?
- Haben Sie darauf geachtet, ohne zugeschriebenen Leidensdruck zu formulieren – also keine Opferrolle zu vergeben?
- Haben Sie vermieden, eine besonders positive Lebenseinstellung im Alltag oder eine »tapfere« oder »couragierte« Alltagsbewältigung »trotz der Behinderung« zu formulieren – also keine Held*innengeschichte erzählt?
- Ist es Ihnen gelungen, durchschnittliche Befähigungen nicht als Standard zu kommunizieren?
- Haben Sie überprüft, ob versehentlich Behinderung mit Krankheit oder Unsportlichkeit verknüpft oder verwechselt wurde?

SCHLÜSSELPRINZIPIEN

- Legen Sie den Fokus auf den Menschen und nicht auf die Behinderung oder fehlende Befähigungen.
- Ist die Behinderung zentrales Thema, berücksichtigen Sie bitte auch die sozialen Aspekte wie Barrieren und Benachteiligungen. Prüfen Sie, ob medizinische Aspekte erwähnt werden müssen.
- Nutzen Sie Formulierungen wie ***Mensch mit Epilepsie*** oder ***blinde Person*** anstatt *Epileptikerin* oder *Blinder*. Die Behinderung ist nur ein Teil des Menschen.
- Bedenken Sie, dass nicht alle Menschen mit der gleichen Behinderung dieselben Erfahrungen machen oder Fähigkeiten haben.
- Vermeiden Sie, Menschen mit Behinderungen als Opfer ihrer Behinderung oder als held*innenhaft trotz ihrer Behinderung darzustellen.
- Verzichten Sie auf Dramatisierungen oder sensationsheischende Darstellungen.
- Jede Behinderung ist individuell. Wenn Behinderungen nicht sichtbar sind, heißt es nicht, dass sie weniger real sind oder weniger den Alltag beeinträchtigen als sichtbare Behinderungen. Unterlassen Sie daher möglichst Bewertungen und Vergleiche.
- Was für den einen Menschen ein gesunder Lebensstil oder die beste Körperform sein kann, ist vielleicht für die nächste Person gänzlich ungesund. Überprüfen Sie gerne das, was gemeinhin als gesund gilt, darauf, ob es immer angemessen ist.
- Wägen Sie ab, wenn Sie nicht nachfragen können: Möchten Sie die Person zuerst nennen? Dann nutzen Sie ***Mensch mit Behinderung***. Möchten Sie die Identität in den Fokus nehmen? Dann nutzen Sie ***behinderter Mensch***. Vermeiden Sie die substantivierte Form *Behinderte/Behinderter*, wenn Sie nicht selbst der Gruppe von Menschen mit Behinderungen angehören oder es die von der Person gewünschte Bezeichnung ist.

TYPISCHE FALLEN UND ALTERNATIVEN

Unsere Alltagssprache ist voll von Formulierungen, die Menschen mit Behinderung oder mit unterdurchschnittlich oder untypisch bewerteten Fähigkeiten diskriminieren. Weil diese Formulierungen sehr geläufig sind und dadurch vielfach verwendet werden, fällt uns nicht immer eine gute, diskriminierungsfreie Alternative ein. Statt in einer Diskussion eine Meinung konkret zu kritisieren, werden dann schnell körperliche oder geistige Fähigkeiten des Gegenübers angegriffen und damit Menschen mit Behinderung weiter stereotypisiert.

Sich auf geistige Fähigkeiten beziehende Wörter wie *irrsinnig, gestört, geisteskrank, verrückt* und Formulierungen, die Menschen irgendwie als *defekt, kaputt, beschädigt, unvollständig* oder *defizitär* beschreiben, sind die üblichen Fallstricke. Auch werden häufig euphemistische Begriffe von Menschen ohne Behinderung benutzt, weil sie das Wort *behindert,* aus Sorge zu beleidigen, umgehen möchten.

Mitleid bekommt man geschenkt, Neid muss man sich verdienen.

Robert Lembke

Das dem Fernsehmoderator Robert Lembke zugeschriebene Zitat weist auf einen weiteren möglichen Fallstrick hin: Menschen mit Behinderung werden vielfach als mitleidserregend angesehen. Das soll nicht bedeuten, dass Empathie, Rücksichtnahme oder allgemein Zugewandtheit überflüssig sind, sondern dass Mitleid gewöhnlich auf der falschen Annahme basiert, das Leben mit einer Behinderung sei weniger wert.

Regelmäßig werden Geschichten mit Opferrollen, tragischen Schicksalsschlägen oder Bedauern und Erbarmen erzählt. Die so erzeugten Bilder sprechen eine Sprache von Machtlosigkeit, Hilflosigkeit und Unwirksamkeit. So möchte sich niemand fühlen. Dem gegenüber steht eine gegenteilige Erzählung von held*innenhaften Menschen, die tapfer trotz einer Behinderung ihr Schicksal meistern. Wenn über das Umfeld von Menschen mit Behinderungen berichtet wird, nehmen die Gefühle, Ängste und Befindlichkeiten von Angehörigen oder Assistenzen gelegentlich mehr Raum ein als die der eigentlich zentralen Personen. Durch all das entsteht eine seltsame Schieflage. Suchen Sie bessere Erzählperspektiven, die Autonomie und Selbstbestimmung hervorheben. Dabei hilft auch die Wortwahl:

nicht immer neutrale Ausdrücke	Perspektiven und Alternativen
an den Rollstuhl gefesselt	Der Rollstuhl ist ein Hilfsmittel für Mobilität. Daran gefesselt zu sein, ist das Gegenteil von Mobilität. ***einen Rollstuhl nutzen***
anders begabt, Andersbegabte	... nutzt das Konzept des Otherings, um euphemistisch zu betonen, dass Begabungen trotz der Behinderung vorliegen, und wirkt dabei entmündigend. konkreter: ***Mensch mit Lernschwierigkeiten; Autist/Autistin; Mensch mit Down-Syndrom*** mit Vorsicht: ***kognitiv beeinträchtigt*** → Beeinträchtigung
ans Bett gefesselt	→ an den Rollstuhl gefesselt ***bettlägerig***
Bedürfnisse	→ besonders
Beeinträchtigung, beeinträchtigt, Mensch mit Beeinträchtigung	... fokussiert auf die körperlichen Aspekte einer Behinderung und vernachlässigt gesellschaftliche Barrieren. ***Mensch mit Behinderung; behinderter Mensch***
Behinderte/Behinderter	... wird als Personenbezeichnung oft abgelehnt, weil Menschen mehr ausmacht als ihre Behinderung und sie darauf nicht zu reduzieren sind. ***Mensch mit Behinderung; behinderter Mensch***
-beschädigt	... ist veraltet, enthält die Idee eines Defekts und ist zu vermeiden. ***-behindert***
besonders, Mensch mit Besonderheiten, Mensch mit besonderen Bedürfnissen	Die Ausdrücke *besonders, Besonderheiten* oder *besondere Bedürfnisse* werden oft von Menschen ohne Behinderung genutzt, um das Wort *behindert* zu vermeiden. Die Bedürfnisse eines Menschen sind immer individuell, egal ob er behindert ist oder nicht. ***Mensch mit Behinderung; behinderter Mensch; Mensch mit Unterstützungsbedarf***
besonderes Extra, Mensch mit dem besonderen Extra	... zielt auf das zusätzliche Chromosom bei Menschen mit dem Down-Syndrom ab. → Trisomie 21 ***Down-Syndrom***
besonders begabt	→ anders begabt

-fehler ... Vorsicht bei Wörtern die auf *-fehler* enden! In manchen Formulierungen ist es anerkannt (***Herzfehler***), in manchen zu vermeiden und durch ***-behinderung*** zu ersetzen.
→ Gehfehler, → Geburtsfehler, → -beschädigt

Gebärdendolmetscher/Gebärdendolmetscherin ... ist sachlich falsch. Es geht um eine Person, die zwischen einer Gebärdensprache und einer Lautsprache dolmetscht.
Gebärdensprachdolmetscher/Gebärdensprachdolmetscherin

Geburtsfehler ... → -fehler
Behinderung seit der Geburt; Behinderung von Geburt an

Gehfehler ... → -fehler
Gehbehinderung

geistige Behinderung, geistig behindert ... Der Begriff ist umstritten. Viele finden ihn wertneutral, einige betonen, dass sie sich als ganzer Mensch herabgesetzt fühlen, weil nicht ihr »Geist« behindert ist.
Sie bevorzugen ***Mensch mit Lernschwierigkeiten***. Andere argumentieren, dass nicht von Lernschwierigkeiten gesprochen werden kann, wenn Menschen sehr geringe kognitive Fähigkeiten durch eine Behinderung haben.
Sie bevorzugen ***kognitiv beeinträchtigt***.

geisteskrank ... ist herabsetzend und zu vermeiden.
→ geistige Behinderung
kognitiv beeinträchtigt

Gendefekt ... vermittelt den Eindruck, dass etwas oder gar der Mensch selbst defekt ist.
konkreter: ***Mensch mit Down-Syndrom; kleinwüchsiger Mensch***

-geschädigt ... enthält wie → -beschädigt die Idee eines Defekts und ist zu vermeiden.

Handicap, Mensch mit Handicap ... wird oft euphemistisch benutzt und ist zu vermeiden.
(Mensch mit) Behinderung; behinderter Mensch

hörgeschädigt ... → -geschädigt
taub; gehörlos; schwerhörig; hörbehindert

Invalide ... ist veraltet und wird nur in der Schweiz noch verwendet.
Mensch mit Behinderung; behindert

leiden an einer Behinderung, XY leidet an Behinderung AB — Nur die Person selbst kann beurteilen, ob sie leidet, und oft ist es völlig unabhängig von einer Behinderung. Die Formulierung reduziert auf die Behinderung.
XY lebt mit der Behinderung AB.

Liliputaner/Liliputanerin — ... stammt aus dem Roman »Gullivers Reisen« aus dem Jahr 1726. Es wird darin für Fabelwesen aus dem fiktiven Land Liliput benutzt und ist für Menschen diskriminierend.
kleinwüchsiger Mensch; kleiner Mensch

meistert tapfer den Alltag, das Leben mit Behinderung meistern — ... verstärkt die Perspektive, dass Menschen mit Behinderung traurig und hoffnungslos sind, hier durch großen Krafteinsatz eine rühmliche Ausnahme geschaffen wurde.
→ leiden an einer Behinderung
lebt mit Behinderung AB

Mensch mit Autismus — Ausnahme: Personenbezeichnung ***Autist/Autistin*** von vielen Menschen gewünscht

Mongolismus, mongoloid — ... ist veraltet und diskriminierend.
Mensch mit Down-Syndrom

normal — ... folgt der Idee, dass Team Normal der Maßstab ist.
nicht behindert

Pflegefall — ... ist entmenschlichend, weil der Mensch zu einem Fall wird.
Mensch mit Assistenzbedarf

psychisch krank — *psychisch beeinträchtigt; Psychiatrieerfahrene*
konkreter: ***depressive Person; manischer Mensch***

schwerbeschädigt — → beschädigt
behindert
mit Vorsicht: (bezogen auf Grad der Behinderung möglich):
schwerbehindert

sehgeschädigt, Sehschwäche — → -beschädigt
sehbeeinträchtigt; sehbehindert

taubstumm — Gehörlose Menschen sind nicht stumm. Die meisten können beispielsweise mit Gebärdensprache kommunizieren.
gehörlos

Trisomie 21 ········ Trisomie 21 ist die medizinische Ursache für das Down-Syndrom. Der medizinische Zustand eines Menschen ist meistens eine Privatsache. Daher wird der Begriff nicht immer als diskriminierungsfrei empfunden.
Mensch mit Down-Syndrom

trotz der Behinderung ········ ***mit der Behinderung***

Zeichensprache ········ ***Gebärdensprache***

Zwerg/Zwergin ········ → Liliputaner

WEITERFÜHRENDE INFORMATIONEN

Podcast

- All inclusive: »Der Podcast der Aktion Mensch beschäftigt sich mit gesellschaftlicher Inklusion auf allen Ebenen.«

Zum Weiterlesen

- Luisa L'Audace: »Behindert und stolz – Warum meine Identität politisch ist und Ableismus uns alle etwas angeht« (2022).

Websites

- Die Aktion Mensch unterstützt als größte private Förderorganisation in Deutschland soziale Förderprojekte für Menschen mit und ohne Behinderung: https://www.aktion-mensch.de/
- Leidmedien.de gibt hilfreiche Informationen und Formulierungsalternativen für Medienschaffende: https://leidmedien.de/
- Rollingplanet ist ein Non-Profit-Projekt und berichtet über aktuelle Themen mit dem Schwerpunkt Behinderung: https://rollingplanet.de/
- Fotodatenbank mit neuen Perspektiven: https://www.gesellschaftsbilder.de/

Alter

HINTERGRUND

Okay Boomer, faule Jugend, Best Ager oder *Silver Surfer?* Diese Ausdrücke markieren Konzepte zur Beschreibung verschiedener Altersstufen und welches typische Verhalten Menschen je nach Alter angeblich zeigen. Die Kategorisierungen werden beispielsweise genutzt, um zielgruppengerecht Menschen anzusprechen, etwa für mehr Konsum oder um die richtigen Arbeitskräfte zu gewinnen oder die falschen loszuwerden. Diskriminierung aufgrund des Alters hat besonders im Arbeitsumfeld Auswirkungen und weniger in Texten.

Wo sie sich zeigt, ist das Muster ganz einfach: Jemandem wird aufgrund seines Alters etwas noch nicht zugetraut oder nicht mehr. Das mittlere Alter hingegen wird als dynamisch, kompetent, leistungsstark, gesund und genau richtig betrachtet. Was das mittlere Alter ist, verschiebt sich dabei je nach Kontext. In der Werbeindustrie war es eine Zeit lang die Altersgruppe 14 bis 49 Jahre, was bei einigen Werbetreibenden angepasst wurde auf 20- bis 59-Jährige. Im Arbeitsumfeld wird oft ein Alter von 25 bis 45 Jahren angenommen. Man zeigt sich erstaunt, wenn ein als zu jung angenommener Mensch bereits viel Expertise hat und ein als zu alt angenommener doch noch alle Erwartungen erfüllt oder übererfüllt. Team Normal ist das altersbezogene Mittelfeld.

Sehr jung wird oft mit Naivität, Unerfahrenheit und kindischem Verhalten assoziiert, während *alt* oft kombiniert wird mit mangelnder Flexibilität, fehlendem Leistungswillen, Verwirrtheit und körperlichen Einschränkungen.

Diskriminierungen aufgrund des Alters haben häufig Schnittmengen mit den Themenfeldern Behinderung, Gesundheit, Lebensstil und Berufserfahrung. Die »Reflexionsfragen« (S. 71) und »Schlüsselprinzipien« (S. 72) im Unterkapitel **Behinderungen, körperliche und geistige Fähigkeiten** sind also auch für das Thema Altersdiskriminierung relevant.

REFLEXIONSFRAGEN

- Haben Sie darauf geachtet, das Alter einer Person nur zu erwähnen, wenn es im Kontext relevant ist?
- Haben Sie stereotype Alterszuschreibungen vermieden, wie etwa die Darstellung älterer Menschen als technikfeindlich und vergesslich oder jüngerer Menschen als unerfahren und faul?
- Haben Sie davon abgesehen, Menschen allein aufgrund ihres Alters in bestimmte Rollen zu drängen – etwa die der »fürsorglichen Großmutter«, der »jungen Journalistin« oder des »faulen Teenagers«?
- Vermeiden Sie die Gleichsetzung von Alter mit körperlicher oder geistiger Leistungsfähigkeit?
- Sind die dargestellten Altersgruppen gleichermaßen respektiert und keine als über- oder unterlegen dargestellt?
- Wurden in Ihrem Text ältere und jüngere Menschen gleichermaßen als aktive, entscheidungsfähige Personen dargestellt und nicht als passive Verhandlungsmasse?
- Haben Sie sich bemüht, die Vielfalt und Individualität von Menschen verschiedener Altersgruppen in Ihrem Text zu reflektieren, anstatt sich auf Verallgemeinerungen zu stützen?

SCHLÜSSELPRINZIPIEN

- Vermeiden Sie auf dem Alter basierende Annahmen über Fähigkeiten, Interessen oder Verhaltensweisen einer Person.
- Das Alter einer Person – jung wie alt – ist meistens unabhängig von ihrem Gesundheitszustand, ihrer Leistungsfähigkeit, ihrer Technologiekompetenz oder ihrer geistigen Flexibilität.
- Bedenken Sie, dass Altersdiskriminierung oft mit anderen Formen der Diskriminierung verknüpft ist, wie Diskriminierung aufgrund von Gesundheit, Geschlecht oder sozialem Status.

TYPISCHE FALLEN UND ALTERNATIVEN

Auch junge Menschen können von Altersdiskriminierung betroffen sein. Suchen Sie Perspektiven, die Autonomie und Selbstbestimmung in allen Altersstufen hervorheben.

nicht immer neutrale Ausdrücke	Perspektiven und Alternativen
alte Menschen, ältere Menschen, die Älteren	Was als *alt* angesehen wird, ist individuell. konkreter: ***Menschen über xy Jahren***
Alterslast	Alte Menschen werden als finanzielle Bürde angesehen. konkreter: ***mangelhaftes Alterssicherungssystem*** → Überalterung, → Vergreisung
altersverwirrt, Altersverwirrung	… verbindet eine Verwirrung mit dem Alter. ***verwirrt; Verwirrung; vergesslich; desorientiert; fahrig; zerstreut***
altersweise	… verstärkt die Idee, dass jüngere Menschen nicht ausreichend Wissen haben können und Weisheit mit dem Alter kommt. ***weise; klug; erfahren; wissend***
Jungspund	***unerfahrene, unwissende, unkundige Person***
Kinderhandy	Handy, das mit Sperrmöglichkeiten ausgestattet ist, wird mit dem Alter verknüpft. ***kindgerechtes Handy*** → Seniorenhandy
Seniorenhandy	Ein technisches Gerät, das mit einfacher Bedienweise und großen Tasten ausgestattet ist, wird mit Alter verknüpft. Gleichzeitig ist es ein Wort, das sich durchgesetzt hat und Begriffe wie ***Einfachhandy, Leichtbedienhandy*** oder ***Easyfone*** (als Marke) sind derzeit nicht verbreitet. ***Handy mit Tasten***
Überalterung	Älter zu werden, wird als etwas Unnatürliches dargestellt. Es stellt sich die Frage, wie man oder eine Gesellschaft zu alt sein kann. ***Strukturproblem*** → Alterslast, → Vergreisung
Vergreisung	Alte Menschen werden als zu alt für gesellschaftliche Teilhabe dargestellt. → Alterslast, → Überalterung

WEITERFÜHRENDE INFORMATIONEN

Podcasts

- Glücklichsein ist eine Entscheidung: »Greta Silver zeigt und lebt vor, dass ein Neustart immer möglich ist und auch im Alter wunderbar funktioniert«.

Zum Weiterlesen

- Eva-Marie Kessler und Lisa Marie Warner: »Studie. Age ismus. Altersbilder und Altersdiskriminierung in Deutschland« (2023).

Soziale Herkunft

HINTERGRUND

Die Geburtsglückslotterie entscheidet ganz grundlegend: Die Familie, in die man hineingeboren wird und in der man aufwächst, hat eine bestimmte sozioökonomische Stellung innerhalb der Gesellschaft. Diese Stellung bestimmt maßgeblich die Wahrscheinlichkeit des Bildungserfolges von Kindern und damit deren Zukunft. Gesellschaftliche Teilhabe bleibt aufgrund fehlender Bildungszugänge und finanzieller Mittel verwehrt. Hier gilt es gesellschaftlich gesehen, einen Ausgleich zu finden. Weil das Merkmal der sozialen Herkunft sehr komplex und häufig nicht sichtbar ist, steht es oft im Hintergrund.

sozioökonomisch

Die sozioökonomische Stellung verweist auf die gesellschaftliche und wirtschaftliche Situation einer Familie oder Person und schließt Merkmale wie Einkommen, Wohnort, Lebensverhältnisse und Ausbildung ein.

Es gibt zahlreiche Überschneidungen von Diskriminierung aufgrund sozialer Herkunft mit anderen Merkmalen, zum Beispiel zu ethnischer Herkunft, Religion, geografischer Lage, Gesundheit, finanzieller Mittel und Aussehen. Auf der sprachlichen Ebene geht es darum, unterschiedliche soziale Herkünfte gleichwertig darzustellen. Ähnlich wie beim Merkmal Behinderungen gibt es Erzählungen in Form einer Opfercharakterisierung oder einer held*innenhaften Reise. Das zeigt sich in Formulierungen wie *trotz der familiären Verhältnisse* oder *aufgrund der Verhältnisse*. Menschen, deren sozioökonomischen Status als gering bewertet wird, werden zudem häufig Attribute wie *faul, unwissend, vernachlässigt* oder *verantwortungslos* zugeschrieben.

Wichtig ist es, auf die Individualität der Person einzugehen, sofern der Kontext der sozialen Herkunft nicht Thema des Textes ist. Die Person ist selbstverständlich als gleichwertig darzustellen. Sensationsheischende Formulierungen sind hier ebenso wenig wünschenswert wie mitleiderregende. Relevant sind in diesem Bereich auch die »Typischen Fallen und Alternativen« (S. 72) im Unterkapitel **Behinderungen, körperliche und geistige Fähigkeiten**.

REFLEXIONSFRAGEN

- Haben Sie darauf geachtet, niemanden aufgrund der sozialen Herkunft – egal ob gut oder schlecht bewertet – eine bestimmte (gesellschaftliche) Rolle zuzuordnen?
- Haben Sie die beschriebenen Personen nicht auf ihre soziale Herkunft reduziert, sondern sie als vielseitige Individuen unterschiedlicher Fähigkeiten und Interessen dargestellt?
- Haben Sie die soziale Herkunft einer Person unabhängig von ihren Fähigkeiten, ihrer Leistungsbereitschaft, ihrem Beruf oder ihren Charaktereigenschaften beschrieben?
- Sind verschiedene soziale Herkünfte gleichwertig beschrieben?

SCHLÜSSELPRINZIPIEN

- Vermeiden Sie Annahmen über eine Person, die auf sichtbaren Merkmalen, der verwendeten Sprache oder Ihrem Wissen über eine soziale Herkunft basieren.
- Die aktuelle Bildungs- und Einkommenssituation einer Person steht nicht unbedingt in Zusammenhang mit ihrer sozialen Herkunft, ihrem Geburtsort oder den Umständen ihrer Familie und Kindheit.
- Bedenken Sie, dass soziale Herkunft oft aufgrund von Stereotypen und Vorurteilen Überschneidungen mit anderen Merkmalen wie etwa Ethnie, Bildung und Aussehen hat.

- Vermeiden Sie Wertungen verschiedener sozialer Hintergründe und Positionen.
- Ein bestimmter sozialer Status ist keine Garantie für bestimmte Fähigkeiten oder Charaktereigenschaften. Setzen Sie die soziale Herkunft nicht mit bestimmten Fähigkeiten oder Verhaltensweisen gleich.
- Soziale Ungleichheit ist ein komplexes Thema. Reduzieren Sie es nicht auf individuelle Fehler, Schwächen oder Entscheidungen. Vermeiden Sie eine übermäßige Individualisierung oder Personalisierung sozialer Probleme. Die soziale Herkunft ist keine Wahl, die jemand treffen kann.

TYPISCHE FALLEN UND ALTERNATIVEN

Besonders beim Thema soziale Herkunft ist es sinnvoll, darauf zu achten, was Sie ausdrücken möchten, und präzise nach passenden diskriminierungsfreien Formulierungen zu suchen. Ersetzen Sie Formulierungen, die aus einem veralteten Klassen- oder Milieudenken stammen:

nicht immer neutrale Ausdrücke	Perspektiven und Alternativen
Arbeiterkind	... markiert als Fremdbezeichnung soziale Herkunft oft als etwas Negatives, obwohl es nicht relevant für die Beurteilung des Kindes sein sollte. konkreter: ***Kind aus finanziell schwachem Haushalt; Kind mit wenig Bildungszugängen; Kind ohne akademische Vorbilder***
Arbeiterklasse	Als historischer Begriff im Rahmen der Industrialisierung verwendbar. Menschen, die durch Lohnarbeit in Fabriken ihren Lebensunterhalt verdienten, wurden in die Arbeiterklasse gruppiert. Später kamen auch Lohnarbeiten in der Landwirtschaft und in Dienstleistungsunternehmen hinzu. je nach Kontext: ***arbeitende Menschen; angestellte Menschen; Personen aus einkommensschwachen Elternhäusern; Personen aus weniger privilegierten Verhältnissen***
Arztsohn	... markiert soziale Herkunft als etwas Positives, obwohl es nicht relevant für die Beurteilung des Kindes sein sollte. konkreter: ***Sohn aus reichem Elternhaus; Kind mit vielen Bildungszugängen***

asozial, Asoziale … ist diskriminierend, weil negativ auf mangelnde gemeinschaftliche Fähigkeiten, gesellschaftsschädigende Handlungen und Haltungen oder ein niedriges geistiges oder kulturelles Niveau verwiesen wird.
nicht in der Gemeinschaft lebend

bildungsfern … impliziert subtil eine persönliche Verantwortlichkeit, da es die Idee verfolgt, dass man mit Fleiß aus bildungsfern bildungsnah machen könnte, ist derzeit aber weiterhin gängig.
geringer Zugang zu Bildungsmöglichkeiten

Plebs … ist diskriminierend → Unterschicht

Pöbel … reduziert Menschen auf soziale Herkunft und unterstellt bestimmte Handlungsweisen. → Arbeiterklasse
konkreter: *gewaltbereit*

Professorentochter → Arztsohn
konkreter: *Tochter mit reichem/gebildeten Vater; Tochter mit umfangreichen Bildungszugängen*

Proletariat … ist als historischer Begriff verwendbar: Menschen, die wirtschaftlich abhängig und besitzlos sind. → Arbeiterklasse
Arbeitnehmer/Arbeitnehmerin

Unterschicht … ist veraltet und stereotyp.
Menschen in prekären Lebenssituationen; Menschen mit wenig sozioökonomischen Ressourcen

Unterschichtenfernsehen … verknüpft eine bestimmte soziale Herkunft mit bestimmtem Freizeitverhalten und ist zu vermeiden.
→ Unterschicht

WEITERFÜHRENDE INFORMATIONEN

Zum Weiterlesen

- Francis Seeck: »Zugang verwehrt: Keine Chance in der Klassengesellschaft: wie Klassismus soziale Ungleichheit fördert« (2022).

Aussehen

HINTERGRUND

Attraktivität und gesellschaftliche Schönheitsstandards sind kulturell beeinflusste Normen, deren Auswirkungen sehr greifbar sind: Als attraktiv wahrgenommene Menschen haben bessere Chancen und Verdienstmöglichkeiten und es ist egal, ob die Attraktivität angeboren oder beispielsweise durch Schönheitsoperationen, hochwertige Kleidung oder Beautyfitness erworben ist. Als *normschön* eingestufte Menschen erfahren üblicherweise weder Mobbing noch Ausgrenzung aufgrund ihres körperlichen Aussehens. Aspekte wie Körperform, Größe, Haut- und Haarfarbe, Gewicht, Sportlichkeit, Zahnzustand, Augen- und Nasenform, Hautbild sind Körpermerkmale. Andere Merkmale betreffen die Ausstattung mit veränderlichen Dingen wie Kleidung, Accessoires und Schmuck. Körperveränderungen sind beispielsweise Tattoos, Piercings und Narben. Aufgrund des Aussehens in diesen drei Bereichen kommt es zu einer Bewertung und Hierarchisierung in Team Anders und Team Normal.

Entlang der bisher in diesem Buch genannten Merkmale bedeutet das Aussehen beispielsweise Folgendes:

Nationalität, ethnische Herkunft, Rassismus: Als attraktiver Standard werden weiße Menschen angenommen. Team Anders wird gelegentlich exotisierend als schön betrachtet. Menschen als »irgendwie fremdartig« aufgrund des Aussehens zu beschreiben, ist diskriminierend.

Religion, Weltanschauung: Keine oder christliche Merkmale für eine Religionszugehörigkeit gelten als Team Normal. Der Hijab islamgläubiger Frauen oder ein Tilaka auf der Stirn als hinduistisches Merkmal werden in diesem Denken als Team Anders wahrgenommen.

Geschlecht, Geschlechtsidentität: Team Anders wird bezüglich des Aussehens oft als unpassend eingestuft, beispielsweise wenn jemand nicht binär einer Geschlechtsidentität zuzuordnen ist aufgrund von Kleidungsstil, Körperformen, Stimme oder dem gesamten Erscheinungsbild.

Sexuelle Orientierung: Team Normal trägt als Mann nicht zu typisch weibliche Kleidung. Als Team Anders könnten Männer eingeordnet werden, die ein besonders gepflegtes Äußeres haben oder extravagante Kleidung tragen. Typisch männliche Kleidung und kurze Haare sind beispielhaft für die Einsortierung von Frauen in Team Anders.

Behinderung, körperliche und geistige Fähigkeiten: Wenn Einschränkungen oder Behinderungen sichtbar oder auffallend sind, werden Menschen Team Anders zugeordnet.

Alter: Team Normal ist das mittlere Alter und entsprechend besteht der Trend, optisch wie dieses zu erscheinen. Haare werden beispielsweise gefärbt, Falten bestmöglich weggeschminkt, Kleidung getragen, die jemand älter oder jünger erscheinen lässt. Wenn das mittlere Alter oder Bemühungen, in dieses eingestuft zu werden, als Standard beschrieben werden, ist dies gegenüber älteren oder jüngeren Menschen diskriminierend.

Soziale Herkunft, finanzieller Status: Team Anders wird beispielsweise verknüpft mit einem ungepflegten Äußeren, abgetragener Kleidung oder Kleidung von schlechter Qualität.

Viele dieser Muster finden sich auch sprachlich dann wieder, wenn das Schönheitsideal von Team Normal als Standard angenommen wird, ohne benannt zu werden, oder wenn Team Anders besonders erwähnt wird. Außerdem werden bestimmten Körperformen gute Fitness zugeschrieben, während beispielsweise mehrgewichtige Personen oft als *willensschwach, faul* und *unintelligent* diskreditiert werden, ebenso Menschen aus als schlechter bewerteten sozialen Milieus. Behinderte Menschen gelten oft als unsportlich oder sofort als außergewöhnlich, wenn sie sportlich sind. Bei allen körperlichen Merkmalen und Körperveränderungen werden oft Rückschlüsse auf Charaktereigenschaften gezogen und diese sind bei Team Anders meist negativ bewertet. Wer die Dresscodes für bestimmte Positionen nicht kennt oder erfüllen kann, prallt ebenfalls auf Vorurteile und Hürden.

Lookismus, Lookism
Die Diskriminierung von Personen aufgrund des Aussehens wird auch Lookismus oder Lookism genannt. Menschen werden auf Basis von Körpermerkmalen und Äußerlichkeiten hierarchisiert und positiv oder negativ bewertet.

⇨ Weiterdenken: *Menge und Wertigkeit von Merkmalen*
In je mehr Merkmalen Menschen von der vermeintlichen Norm abweichen, desto stärker werden sie in Team Anders sortiert und desto schwieriger ist es, diese Eingruppierung zu verlassen. So hat beispielsweise eine Person, die nur bezüglich eines Schönheitsmerkmals Team Anders ist, noch immer viele Vorteile im Bereich Aussehen. Ein als schön eingestuftes, junges, mehrgewichtiges Model mit hochwertiger Kleidung hat noch immer wesentlich mehr Vorteile als eine Person, die aufgrund mehrerer Aspekte in Team Anders gruppiert wird, beispielsweise eine mehrgewichtige Person mit schütterem Haar, großer Nase und Narben. Wenn Sie dies nicht nur für das Merkmal Aussehen bedenken, erahnen Sie vielleicht die Wirkmacht von der zuvor beschriebenen Intersektionalität.

Das Aussehen ist maßgeblich für den ersten Eindruck, den wir von einer Person gewinnen. Gleichzeitig ist es so vielschichtig, wie es unterschiedliche Menschen und Kontexte gibt. Für das Merkmal Aussehen lassen sich die textlichen Herausforderungen für eine diskriminierungsfreie Sprache leicht mit den Reflexionsfragen und Schlüsselprinzipien bewältigen.

REFLEXIONSFRAGEN

- Ist das beschriebene Aussehen einer Person wichtig für den Kontext?
- Haben Sie sichergestellt, dass Ihre Beschreibungen des Aussehens nicht auf Geschlecht, sexueller Orientierung, Alter, ethnischer Herkunft, Religionszugehörigkeit, Behinderung oder sozialer Herkunft basieren?
- Haben Sie darauf geachtet, die Darstellung einer Person nicht an gängigen Schönheitsidealen zu messen?
- Haben Sie jegliche Annahmen über Fähigkeiten, Charakter oder Wert einer Person basierend auf ihrem Aussehen vermieden?
- Haben Sie auf Beschreibungen des Aussehens einer Person verzichtet, die als objektivierend oder entmenschlichend wahrgenommen werden könnten?

SCHLÜSSELPRINZIPIEN

- Lassen Sie das Aussehen von Menschen möglichst unkommentiert.
- Vermeiden Sie Bewertungen oder Hierarchisierungen von Aussehen und verwenden Sie möglichst neutrale Wörter, also weder positive für ein attraktives Äußeres noch negative für ein unattraktives.
- Äußerlichkeiten stehen nicht im Zusammenhang mit Fähigkeiten, Talenten oder Charaktereigenschaften. Vermeiden Sie diese Verknüpfung.
- Vermeiden Sie Körpervergleiche oder die Formulierung von Schönheitsidealen.

TYPISCHE FALLEN UND ALTERNATIVEN

Besonders beim Aussehen gibt es kaum typische Fallen, da es einen schmalen kontextabhängigen Grat zwischen neutraler Beschreibung und Diskriminierung aufgrund von Aussehen gibt. Achten Sie besonders auf die Reflexionsfragen und Schlüsselprinzipien und darauf, wenn das Wörtchen *zu* auftaucht oder Sie Vergleiche anstellen und Konzepte von Schönheit oder Attraktivität als Zwischentöne mitschwingen oder selbst Themen sind.

nicht immer neutrale Ausdrücke	Perspektiven und Alternativen
dick	... ist teilweise eine Selbstbezeichnung. Sie wird teilweise als diskriminierend empfunden und teilweise neutral gewertet. → fett ***mehrgewichtig***
fett	... wird meist als diskriminierend wahrgenommen. → dick ***mehrgewichtig***
hässlich	... ist diskriminierend und zu vermeiden.
übergewichtig	*Über-* wird als wertend wahrgenommen, weshalb viele Menschen stattdessen ***mehrgewichtig*** bevorzugen.
untergewichtig	*Unter-* wird als wertend wahrgenommen, weshalb manchmal stattdessen ***mindergewichtig*** verwendet wird.
zu (dick, dünn, klein, ...)	Mit *zu* wird verglichen und potenziell unterschieden in Team Normal und Team Anders.

WEITERFÜHRENDE INFORMATIONEN

Zum Weiterlesen

- Annika Schach: »Diversity & Inclusion in Strategie und Kommunikation« (2023).

WEITERE MERKMALE

Dieses Kapitel ist ein Sammelbecken für mehr oder weniger veränderbare Merkmale, die gleichzeitig Einfluss darauf haben, ob jemand diskriminiert oder stereotyp kategorisiert wird. Es sind: Geografische Lage, Einkommen, Ausbildung, Berufserfahrung, Gewohnheiten, Freizeitverhalten, Auftreten, Elternschaft und Familienstand.

Unterschiedliche Entscheidungen im Leben, zu Verfügung stehendes Geld oder physische wie psychische Energie können diese Merkmale verändern. Dass sie veränderbar sind, schmälert jedoch nicht ihren Einfluss auf unsere Wahrnehmung und Bewertung von Menschen.

Die Ihnen aus den vorherigen Kapiteln bekannte Struktur ist in diesem Kapitel gekürzt. Die Reflexionsfragen und Schlüsselprinzipien dienen als Anregungen, die Merkmale intersektional berücksichtigen zu können. Es geht hier weniger um konkrete Wörter, die ausgetauscht werden sollten, als darum, diese Bereiche in der Kommunikation mitzudenken.

Geografische Lage

Kennen Sie Ostfriesenwitze oder Witze über Ostdeutsche? Ostfriesen werden darin als rückständig dargestellt und ostdeutsche Menschen abwertend als *Ossis* bezeichnet. Fast allen diesen Witzen ist gemein, dass sie das Merkmal der geografischen Lage zur Abwertung nutzen. Wenn die Sprache auf Bevölkerungsgruppen aus städtischen oder ländlichen Gebieten kommt, ist schnell dieselbe Hierarchisierung mitgedacht, auch veraltete Begriffe wie *die neuen Bundesländer* werden hin und wieder noch genutzt. Eine ländliche Bevölkerung gilt meistens als rückständiger, weniger intelligent oder modisch zurückgeblieben. Auch unterschiedliche finanzielle Verhältnisse sind implizit je nach Kontext enthalten oder bei weiter entfernten geografischen Lagen das Konzept von Fremdheit. So sind mit geografischen Lagen oft die Merkmale → Aussehen, → soziale Herkunft, → Nationalität, → ethnische Herkunft und → Rassismus verknüpft. Sofern gewünscht, kann die geografische Lage mit entsprechenden finanziellen Mitteln meistens angepasst werden, aber regionale Eigenschaften wie Dialekte lassen sich schwerer ablegen.

REFLEXIONSFRAGEN

- Haben Sie vermieden, bestimmten geografischen Lagen negative oder positive Eigenschaften zuzuschreiben und weder eine als schlechter noch eine andere als besser dargestellt?
- Haben Sie darauf geachtet, Menschen aus unterschiedlichen geografischen Lagen als Individuen und nicht als homogene Gruppen mit bestimmten Eigenschaften zu porträtieren?
- Haben Sie darauf verzichtet, geografische Lagen und dort lebende Menschen exotisch darzustellen oder abzuwerten?

SCHLÜSSELPRINZIP

- Sehen Sie davon ab, Menschen aus einer geografischen Lage als überlegen oder unterlegen im Vergleich zu Menschen anderer geografischer Lagen zu charakterisieren.

Einkommen

Wenn das Einkommen durch Erwerbsarbeit ausreicht, um den Lebensunterhalt und den Jahresurlaub zu bestreiten, dann können wir sicher von Team Normal ausgehen. Ein Ausdruck wie *Billigjobs* erkennt nicht den Wert der Arbeit von Jobs im Niedriglohnsektor an und spricht den Ausübenden Leistungsfähigkeiten ab. Die Wörter *Dumpinglöhne* oder *Hungerlöhne* werden oft abwertend genutzt für geringe Löhne. Diskriminierungen aufgrund von Einkommen betreffen etwa Zugangsmöglichkeiten zu Bildung, Krediten, Arbeitsplätzen, Wohnraum, sozialen Dienstleistungen oder Gesundheitsversorgung. Der Bereich Einkommen ist oft eng verknüpft mit → sozialer Herkunft. Von staatlicher Versorgung abhängige Menschen werden oft abwertend als *Sozialschmarotzer* bezeichnet.

REFLEXIONSFRAGEN

- Wurden Menschen mit niedrigem Einkommen ohne abwertende Bemerkungen oder herabsetzende Charakterisierungen und Menschen mit durchschnittlichem oder hohem Einkommen ohne aufwertende Bemerkungen und Charakterisierungen dargestellt?

- Haben Sie in Ihrem Text vermieden, Einkommen als Indikator für den Wert, den Erfolg oder den Charakter einer Person darzustellen?

SCHLÜSSELPRINZIPIEN

- Verschiedene Einkommen sind Tatsachen und sollten nicht bewertet werden. Schreiben Sie entsprechend neutral über Einkommen.
- Einkommen und beruflicher Erfolg sind nicht mit der Identität einer Person gleichzusetzen.

Ausbildung

Arbeit und damit auch das → Einkommen sind meistens abhängig von der Ausbildung. Aber auch → soziale und → ethnische Herkunft entscheiden mit, wie gut die Bildungszugänge sind und Menschen mit → Behinderung oder einem gewissen → Alter werden Bildungszugänge verwehrt. Als Team Anders werden Menschen kategorisiert, die keine Ausbildung haben oder ausbildungsfremd und dadurch ebenfalls »ungelernt« arbeiten – sofern es sich um gering bezahlte Erwerbsarbeit handelt. Menschen ohne Ausbildung werden oft als *zurückgeblieben* oder *weniger intelligent* beschrieben. Neben anderen abwertenden Ausdrücken ist zum Beispiel das Wort *Sonderschule* für eine Förderschule veraltet.

REFLEXIONSFRAGEN

- Haben Sie verschiedene Bildungsabschlüsse gleichermaßen beschrieben?
- Haben Sie die individuellen Bildungsgeschichten und Kontexte der Personen berücksichtigt?

SCHLÜSSELPRINZIPIEN

- Vermeiden Sie implizite Annahmen, dass akademische Bildung mehr Wert hat als nichtakademische Bildungswege.
- Bedenken Sie, dass Zugang zu Bildung durch eine Vielzahl sozialer, ökonomischer und individueller Faktoren beeinflusst wird und oft nicht steuerbar ist.

Berufserfahrung

Menschen mit wenig oder keiner Berufserfahrung werden in Team Anders kategorisiert und je mehr Berufserfahrung ein Mensch hat, desto mehr steigt sein Ansehen – solange es keine *Lücken im Lebenslauf* gibt. Das ist die abwertende Beschreibung für Zeiten ohne anerkannte Berufstätigkeiten; Lücken im Leben selbst gibt es nicht. Die verwendete Sprache rund um den Bereich Berufserfahrung ist mit der rund um → Einkommen und → Ausbildung verknüpft.

Auch das → Alter ist ein relevanter Faktor: Je älter ein Mensch ist, desto mehr Berufserfahrung wird ihm automatisch zugesprochen. Das kann gelegentlich sogar die Abwertung aufgrund von höherem Alter wettmachen. Aber auch die Erfahrungen von Männern werden besser bewertet als die von Frauen. Berufserfahrung von Menschen ohne Behinderung ist besser angesehen als die von Menschen mit Behinderung. Im Ausland erworbene Berufserfahrung nicht deutscher Menschen wird weniger wertgeschätzt, als im Ausland erworbene Berufserfahrung deutscher Menschen. Hinterfragen Sie gründlich, wie Berufserfahrung üblicherweise dargestellt wird.

REFLEXIONSFRAGEN

- Haben Sie Berufserfahrung so dargestellt, dass der klassische Karriereweg nicht als maßgeblich gilt?
- Haben Sie darauf geachtet, Menschen mit vermeintlichen Lücken in ihrem beruflichen Werdegang oder Menschen, die aus dem Berufsleben ausgeschieden sind, nicht herabzusetzen?
- Haben Sie unbezahlte oder ehrenamtliche Arbeit als Berufserfahrung bewertet?

SCHLÜSSELPRINZIPIEN

- Vermeiden Sie Bewertungen unterschiedlicher Berufserfahrungen und vermeintlicher Lücken im Lebenslauf.
- Berücksichtigen Sie, dass nicht alle Menschen die gleichen Chancen oder Möglichkeiten vielfältiger Berufserfahrung haben.

Gewohnheiten

Gewohnheiten und Routinen gelten als strukturgebend und effizienzsteigernd, solange sie nicht seltsam wirken oder als übertrieben wahrgenommen werden. Dann werden schnell abwertende Wörter wie *Tick, Schrulligkeit, Marotte, Spleen* oder *Fimmel* genutzt. Die Bewertung kippt, wenn Gewohnheiten als zu fremdartig (→ Nationalität, → ethnische Herkunft) angesehen oder als Einschränkung eingestuft werden (→ Behinderung, körperliche und geistige Fähigkeiten). In allen anderen Fällen achten Sie einfach mithilfe der Reflexionsfragen und Schlüsselprinzipien darauf, wie Sie sie beschreiben.

REFLEXIONSFRAGEN

- Haben Sie vermieden, Gewohnheiten zu bewerten und sie als gut oder schlecht zu bezeichnen?
- Haben Sie berücksichtigt, dass nicht alle Menschen derselben Gruppe dieselben Gewohnheiten haben?

SCHLÜSSELPRINZIPIEN

- Respektieren Sie die Tatsache, dass Menschen unterschiedliche, durch persönliche Vorlieben, Kulturen und Lebensumstände geprägte Gewohnheiten und Routinen haben und beschreiben Sie sie bewertungsfrei.
- Achten Sie darauf, nicht nur positive oder negative Gewohnheiten hervorzuheben. Zeigen Sie ein ausgewogenes Bild menschlicher Gewohnheiten.

Freizeitverhalten

Was ist das bessere Freizeitverhalten: drei Stunden lang eine kleine Wanderung zu machen oder in der gleichen Zeit auf der Couch liegend durch soziale Medien zu scrollen? Wir haben meistens ein Gespür dafür, was das gesellschaftlich anerkanntere Verhalten ist. Schnell meldet sich das schlechte Gewissen, wenn wir das vermeintlich faulere, weniger angesehene wählen. Sprachlich zeigt sich das in der Darstellung der Freizeitgestaltung als *aktiv* oder darin, ob *Leistungsfähigkeit, Fitness* oder *Wissen* gesteigert werden. Die Formulierung *Besucher einer Shishabar* impliziert beispielsweise ein bestimmtes Freizeitverhalten bezogen auf → Nationalität, → ethnische Herkunft und → Geschlecht.

REFLEXIONSFRAGEN

- Haben Sie berücksichtigt, dass Menschen unterschiedliche Zugänge zu Freizeitmöglichkeiten haben? Es kann beispielsweise aus gesundheitlichen, finanziellen oder anderen Gründen Einschränkungen geben.
- Haben Sie sich bemüht, die Darstellung von Freizeitaktivitäten so zu beschreiben, dass sie beispielsweise nicht Menschen mit bestimmtem sozioökonomischem Status bevorzugt?

SCHLÜSSELPRINZIP

- Was ein zur Entspannung und Zufriedenheit führendes Freizeitverhalten ist, ist vielfältig, subjektiv und von zahlreichen Faktoren wie Kultur, Umfeld und persönlichen Vorlieben beeinflusst. Vermeiden Sie Bewertungen und beschreiben Sie Gruppen nicht aufgrund ihres Freizeitverhaltens.

Auftreten

Eine untrennbare Beziehung haben die beiden Aspekte Auftreten und → Aussehen. Unter Auftreten werden Aspekte wie Schüchternheit und Selbstbewusstsein zusammengefasst. In einer eher leistungsorientierten Gesellschaft gibt es Ideen, wie man am besten aufzutreten hat. Ein »zu« einer Eigenschaft ist nicht erwünscht, also *zu introvertiert, zu leise, zu laut, zu* ... Vermeiden Sie diese Bewertungen und versuchen Sie, eine neutralere Formulierung zu finden. Wörter wie *Poser, Wichtigtuerin* oder *Sprücheklopfer* sind ebenfalls nicht wertfrei, aber auch nicht immer diskriminierend; sie haben eher den Charakter einer Beleidigung.

REFLEXIONSFRAGE

- Haben Sie vermieden, verschiedene Arten des Auftretens zu bewerten?

SCHLÜSSELPRINZIP

- Bedenken Sie, dass das Auftreten einer Person stark vom kulturellen, sozialen und persönlichen Hintergrund abhängt, und versuchen Sie wo nötig, das Auftreten aus der Perspektive der jeweiligen Person zu verstehen und zu beschreiben.

Elternschaft

Erwachsene sind bessergestellt, wenn sie keine Kinder haben. Das bedeutet keinesfalls, dass es nicht individuell und kontextabhängig völlig anders empfunden und bewertet wird. Kinder können bereichern und ein Geschenk sein. Gleichzeitig ist es möglich, dass Menschen mit, ohne und durch ihre Elternschaft unglücklich sind. Das Umfeld spielt ebenfalls eine große Rolle. Bei den Reflexionsfragen und Schlüsselprinzipien ist es hilfreich, darauf zu achten, ob es bei Ihnen Vorstellungen von besseren und schlechteren Familienmodellen oder Elternrollen gibt. Erwachsene Menschen ohne Kinder werden oft auch subtil als *selbstsüchtig, weltfremd, sonderbar, egoistisch* oder *karrieresüchtig* beschrieben. Dabei bleiben mögliche gute Gründe, sich gegen Kinder zu entscheiden oder eine ungewollte Kinderlosigkeit oft unberücksichtigt.

Formulierungen wie *Rabenmutter* oder *Helikoptereltern* zeigen Bewertungen von Elternschaft. Auch Wörter wie *Stiefvater/-mutter/-kind* sind eher negativ besetzt, weshalb es auch weniger geläufige Formulierungen wie *Bonusvater/-mutter/-kind* gibt, um die Wertschätzung dieser Familienkonstellationen auszudrücken. Familien mit vielen Kindern, Einelternfamilien oder Patchworkfamilien werden häufig an Team Normal gemessen. Beispielsweise gibt es ausgrenzende Formulierungen wie *ein Stall voller Kinder.*

REFLEXIONSFRAGEN

- Wenn Elternschaft in Ihrem Text vorkommen soll und Sie die Möglichkeit haben, mehrere Familien vorzustellen, haben Sie dann davon abgesehen, Mutter und Vater mit zwei Kindern als Team Normal zu beschreiben?
- Haben Sie bei der Darstellung von Elternschaft auf geschlechterstereotype Rollenbilder verzichtet?
- Haben Sie gleichwertig beispielsweise Einelternfamilien, gleichgeschlechtliche Eltern, Patchworkfamilien oder Pflegefamilien einbezogen?

SCHLÜSSELPRINZIP

- Bedenken Sie, dass Elternschaft individuell und kontextabhängig ist, und versuchen Sie, möglichst neutrale Formulierungen zu finden.

Familienstand

In einer festen Partnerschaft zu leben oder verheiratet zu sein, gilt als Team Normal. Formulierungen wie *für jeden Topf gibt es einen Deckel* oder *andere Mütter haben auch schöne Söhne* deuten die Selbstverständlichkeit an, dass eine Paarbeziehung gewünscht ist. Schnell werden Singles, geschiedene oder verwitwete Menschen als nicht beziehungsfähig kategorisiert und mit negativen Charaktereigenschaften versehen. Polyamore Beziehungen beispielsweise werden bestenfalls sensationsheischend dargestellt, selten jedoch neutral.

REFLEXIONSFRAGE

- Haben Sie alle Beziehungsformen gleichwertig dargestellt?

SCHLÜSSELPRINZIP

- Verzichten Sie auf stereotype Rollenzuschreibungen, stellen Sie unterschiedliche Familienstände gleichwertig dar und erkennen Sie diese wertfrei als persönliche Entscheidungen oder Zufall an.

IV

WIE ES WEITERGEHT

Privilegiencheck

Wenn Sie mehr über Ihre eigenen Privilegien wissen, kommen Sie noch schneller voran mit der diskriminierungsfreien Sprache. An verschiedenen Stellen im Buch wurde in Team Anders und in Team Normal aufgeteilt. Zu wissen, zu welchem Team Sie gehören, hilft beim Perspektivwechsel. Immer dann, wenn Sie im Team Normal sind, empfiehlt es sich besonders, noch einmal genau zu überprüfen, ob Team Anders gleichwertig dargestellt wurde. Kreuzen Sie in der hier folgenden, stark vereinfachten Liste Ihre Positionen an. An Stellen, an denen es Ihnen nicht leichtfällt, sich einzusortieren, kann es helfen zu überlegen, wie jemand, der oder die definitiv in Team Normal ist, wahrscheinlich kategorisieren würde. Die Einstufung dient lediglich dazu, unbewusste Privilegien achtsamer wahrnehmen zu können und die eigene Kommunikation zu überprüfen. Sie sagt nichts über Ihren Wert aus oder darüber, ob Sie selbst diskriminieren oder sich diskriminiert fühlen und es gibt kein richtig oder falsch:

Team Normal	⟷	**Team Anders**
☐ weiß und deutsche Staatsangehörigkeit		☐ BIPoC und andere Staatsangehörigkeit als deutsch
☐ cisgeschlechtlich und männlich	☐ cisgeschlechtlich weiblich	☐ nichtbinär, transgeschlechtlich, queer
☐ heterosexuell		☐ homosexuell, queer
☐ christlich	☐ konfessionslos	☐ nichtchristliche Religionszugehörigkeit
☐ ohne Behinderung		☐ mit Behinderung
☐ mittelalt (etwa 25–45 Jahre)	☐ im Grenzbereich von »zu« jung oder alt	☐ jung oder alt
☐ sozioökonomisch gut aufgestellt	☐ sozioökonomisch die Grundbedürfnisse abgedeckt	☐ sozioökonomisch schlecht aufgestellt
☐ als gut bewertete soziale Herkunft		☐ als schlecht bewertete soziale Herkunft
☐ normschön	☐ leichte Abweichungen vom gängigen Schönheitsideal	☐ deutliche Abweichungen vom gängigen Schönheitsideal

Kommunikation verändern

Mit dem Privilegiencheck sind Sie beinahe am Ende Ihrer Reise. Ein letzter entscheidender Schritt liegt noch vor Ihnen: Vergessen Sie bitte die Perfektion! Wenn Sie möglichst diskriminierungsfrei kommunizieren wollen, können Sie einfach jeden Tag versuchen, es ein wenig besser zu machen. Mit diesen drei leicht umsetzbaren Tipps gelingt es, eine bewusste und diskriminierungssensible Kommunikation im Alltag zu integrieren.

1. TÄGLICHE SCHRITTE – GROSSER EFFEKT

Bewusste Gespräche fördern bewusste Texte. Indem Sie aufmerksam und achtsam sprechen, legen Sie den Grundstein für diskriminierungsfreie Texte. Das ist keine Aufforderung, jedes einzelne Wort erst durch die Achtsamkeitsmangel zu drehen, schließlich wollen Sie ja auch einmal fertig werden mit Ihren Gesprächen. Wenn Sie aber hin und wieder im Nachhinein kurz überlegen, ob das, was Sie gesagt haben, das ist, was Sie wirklich meinten, kommen Sie schnell vorwärts in Richtung einer diskriminierungssensiblen Kommunikation.

2. DISKRIMINIERENDE ÄUSSERUNGEN ANSPRECHEN

Eine kniffelige Situation: Jemand nutzt diskriminierende Formulierungen. Mit Ihrem (neuen) Wissen wollen Sie das nicht mehr akzeptieren. Wie können Sie das formulieren, ohne gleich einem Riesenhaufen Abwehr gegenüberzustehen oder als Besserwissermensch zu gelten? Hier ist ein möglicher Ansatz: Bleiben Sie so neutral wie möglich. Je weniger Ihr Gegenüber sich kritisiert fühlt, desto leichter ist es. Erzählen Sie von sich, anstatt Forderungen zu stellen. Sie können beispielsweise sagen: ***Ich habe erfahren, dass viele Menschen lieber XY genannt werden möchten, daher benutze ich diesen Ausdruck jetzt.*** Oder: ***Mir ist es wichtig, respektvoll über Menschen zu sprechen. XY ist eine anerkannte Bezeichnung, deshalb nutze ich sie.*** Lassen Sie sich nicht entmutigen, falls Ihr Gegenüber fest bei seiner Haltung bleibt. Manchmal gibt es keinen gemeinsamen Nenner, aber Sie haben einen Unterschied gemacht. Auch im ersten Moment erfolglose Diskussionen können zum Nachdenken anregen.

3. GRENZEN SETZEN

Wirklich herausfordernd kann es werden, wenn Sie merken, dass Sie nicht mehr mit einer bestimmten Bezeichnung angesprochen werden möchten oder sich dafür einsetzen, dass andere nicht mehr so bezeichnet werden. Wie Sie reagieren, hängt sehr von Ihrer Persönlichkeit und Ihrem Energielevel ab. Es kann helfen, möglichst neutral zu formulieren und deutliche Grenzen zu ziehen wie: *Ich möchte so nicht genannt werden.* Oder: *Ich möchte keine diskriminierenden Aussagen hören.* Falls Sie nach den Gründen hierfür gefragt werden, können Sie erklären, dass Sie sich unwohl fühlen, wenn Sie so genannt werden oder andere so behandelt sehen, selbst wenn diese nicht anwesend sind. Haben Sie es mit ignoranteren Personen zu tun oder fallen Ihnen Grenzziehungen eher leicht, können Sie auch einfach ohne Begründung direkt auffordern, bestimmte Bezeichnungen oder Aussagen zu unterlassen.

Vermutlich werden Sie schnell Veränderungen bemerken und jeder Schritt bringt Sie Ihrem Ziel einer diskriminierungsfreien Kommunikation täglich näher. Feiern Sie Erfolge.

Die Kraft, gesehen zu werden

Sich darüber klar zu werden, was Sie wirklich sagen möchten, ist der Schlüssel zu einer diskriminierungsfreien Sprache. Aber auch Empathie und Perspektivwechsel öffnen Ihnen die Türen. So entsteht eine bewusste und diskriminierungssensible Kommunikation.

Ja, Sie werden Fehler machen und am nächsten Morgen geht die Sonne wieder auf und die Erde wird sich ohnehin weiterdrehen. Vergessen Sie nicht, dass es besser ist, sich zu bemühen und auf dem Weg zu lernen, als die Herausforderung zu vermeiden. Sobald Sie den Weg in Richtung diskriminierungsfreier Kommunikation einschlagen, werden Sie merken, dass die Reise leichter und gar nicht so kompliziert ist, wie es zunächst vielleicht schien, und Sie werden auf keinen Fall umdrehen wollen. Jeder noch so kleine Schritt kann einen großen Unterschied machen.

Durch Ihre neue Kommunikation werden sich mehr Menschen wertgeschätzt und berücksichtigt fühlen. Die Aussage der US-amerikanischen Sozialforscherin Brené Brown bringt es auf den Punkt:

> *Never underestimate the power of being seen.*
>
> Brené Brown

> *Unterschätzen Sie niemals die Kraft, gesehen zu werden.*

Mit diesem Buch in der Hand haben Sie die Werkzeuge und das Wissen erworben, dass sich mehr Menschen gesehen fühlen. Beginnen Sie also noch heute Ihre Reise, machen Sie einen Unterschied und erfreuen Sie sich Ihrer Reiseabenteuer. Unterschätzen Sie niemals die Kraft Ihrer Worte!

Register

Register

Mehr zum Thema

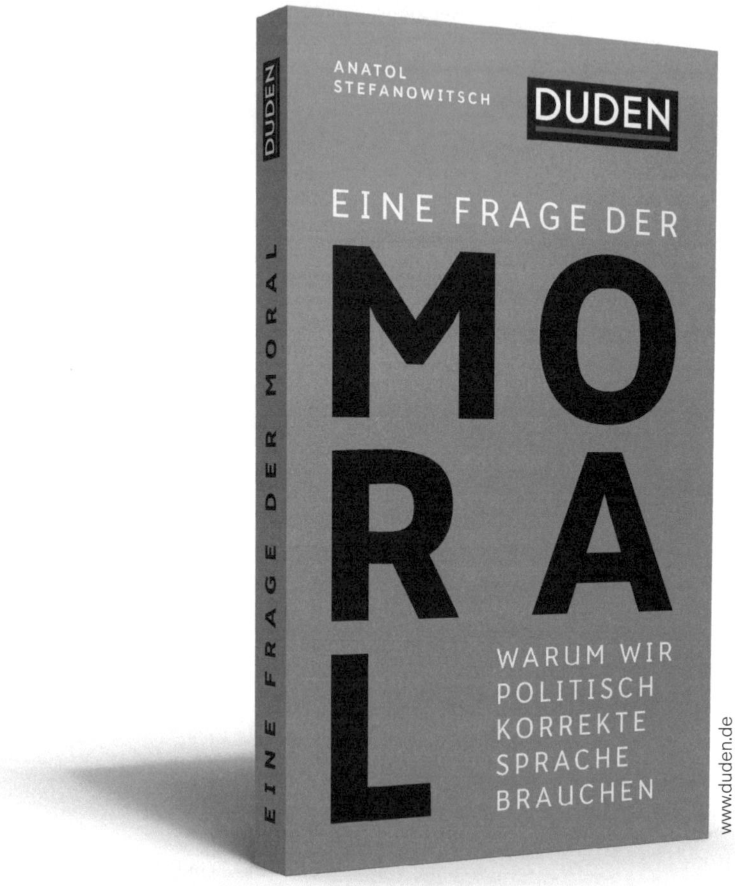

Anatol Stefanowitsch

Eine Frage der Moral

ISBN 978-3-411-74358-2

Ebenfalls in dieser Reihe erschienen

www.duden.de

Johanna Usinger
Einfach können – Gendern
ISBN 978-3-411-75693-3

Redaktion: Dr. Laura Neuhaus

Umschlaggestaltung, Layout und Satz: Carsten Aermes

www.duden.de

www.cornelsen.de

1. Auflage, 2. Druck 2024

In diesem Buch wird in Abstimmung zwischen der Autorin und dem Verlag das Gendersternchen an einigen wenigen Stellen als Zeichen für geschlechtergerechte, diskriminierungsfreie Sprache eingesetzt.

Druck: H. Heenemann, Berlin

ISBN 978-3-411-75694-0

Auch als E-Book erhältlich unter: ISBN 978-3-411-91441-8

PEFC
PEFC/04-31-1156

PEFC zertifiziert

Dieses Produkt stammt aus nachhaltig bewirtschafteten Wäldern und kontrollierten Quellen.

www.pefc.de